长期主义者的常胜心法

做长期
正确的事

创客老蒋 / 著

中国经济出版社
CHINA ECONOMIC PUBLISHING HOUSE
北京

图书在版编目（CIP）数据

做长期正确的事 / 创客老蒋著 . -- 北京：中国经济出版社，2024.5（2025.12 重印）

ISBN 978-7-5136-7724-0

Ⅰ . ①做… Ⅱ . ①创… Ⅲ . ①创业 – 研究 Ⅳ . ① F241.4

中国国家版本馆 CIP 数据核字（2024）第 070463 号

策划编辑 王 絮
特邀策划 书香学舍
责任编辑 王 絮
责任印制 李 伟
封面设计 车 球

出版发行 中国经济出版社
印 刷 者 北京艾普海德印刷有限公司
经 销 者 各地新华书店
开　　本 880mm × 1230mm 1/32
印　　张 7.75
字　　数 163 千字
版　　次 2024 年 5 月第 1 版
印　　次 2025 年 12 月第 8 次
定　　价 59.80 元
广告经营许可证 京西工商广字第 8179 号

中国经济出版社 **网址** www.economyph.com **社址** 北京市东城区安定门外大街 58 号 **邮编** 100011

本版图书如存在印装质量问题，请与本社销售中心联系调换（联系电话：010–57512564）

推荐语

《做长期正确的事》是值得每一个立志从事知识 IP 传播工作的人认真阅读的一本书。“长期主义”的经营理念是这个时代的“正道”。在这个大家都热衷于推销快速成功之术的时代，少有人坚持用真诚、真实、正心和正念去传播正道。这本书的作者老蒋，正是这样一个少有的人。这本书难能可贵的是，它不仅在传播正道，也告诉你如何运用正确的法、术、器去建立自己的 IP，有效，好用。强烈推荐这本书。

——鼎心人类图创始人　房鼎容

《做长期正确的事》这本书非常值得一看。做一件正确的事很容易，但是做长期正确的事却不是一件容易的事情，工作即生活，生活亦工作。作者积极、乐观、精进的生命状态，值得我终身学习。

——尖刀定位创始人　李一刀

老蒋是一位实战派智者，他的商业成果非常丰厚，经验总结特别到位。他的新书，是一本含金量极高的创富宝典，我强烈推荐！

——个人品牌顾问、《一年顶十年》作者　剽悍一只猫

2020 年始，培训界进入寒冬，线下课一律停止，我和所有培训老师一样在寻找出路，没有人知道具体要怎么做。经过多方面的考察比对，2020 年 3 月 2 日，我正式签约成为老蒋旗下“创客匠人”的客户，并将大部分课程搬到线上。

2023 年底，我在成都参加“千人峰会”，第一次见到他本人。老蒋在台上讲的每一句话都是我的心里话，那时候我的身心灵平台发展得还不错，甚至被创客评为“年度最具影响力教育服务商”。可是，我总觉得自己还可以做更多的事，但又不清楚地知道该如何做，老蒋两天的演讲让我茅塞顿开，我顿时成为他的粉丝。

我很期待老蒋的这本《做长期正确的事》。从个人成长来说，老蒋的书和他的人一样朴实厚诚，书中句句都是他身经百战后总结给知识工作者的肺腑之言。

我更期待的是，这本书可以帮助更多老师在流量时代把个人势能放大，将深耕数年的学问、技术提供给更多人，让更多人受益，为社会创造更大的价值。

——婉若新生家庭疗愈　赵婉新

很高兴阅读了老蒋同学的新书《做长期正确的事》。这本书让我看到了一个从大山走出来的孩子不断地突破自己的边界，寻找自己使命的经历；也让我看到了一个创业者在 IP 经济时代，对长期正确的营销模式和价值创造的探索；还让我看到了一个企业经营者是如何优化迭代价值观，让其公司与时俱进的。这些就是做长期正确的事的底层逻辑——让社会、客户、企业和个人实现共赢。

——中欧国际商学院教授　芮萌

十年树木，百年树人。虽然我们身处科技日新月异、发展瞬息万变的时代，但成长和成功依然需要时间的累积，长期主义依然是公认的发展和进步的基本规律。《做长期正确的事》这本书，从认知到实践，从体系建立到具体方法，全方位、系统性地展现了践行长期主义的真知灼见和成功经验，不仅为众多创业者提供了极具操作性的实践指导，也为广大父母的家庭教育提供了极具说服力的生动案例，给人以深刻启迪。

——全网百万粉丝优秀教育知识博主、

一正家庭教育创始人

一正老师

现在讲“IP 变现”很热，但很多是在讲技术、讲方法，讲方法论的很少，而讲用八年的实践总结出来的方法论的更少，老蒋做到了。这也许就是对长期主义最好的阐释。读老蒋的书是一种享受，感觉非常亲切。

——大疆行研学定制　李大海

今天的创业者已经被大量碎片化信息裹挟，很容易活在自己的信息茧房中。在《做长期正确的事》这本书中，作者以高维智慧结合自己过去的实战经验，阐述了提升个人 IP 思维、流量思维以及商业模式创新等方面的方法论，内容系统全面。读这本书会让你从内心找到力量，最终赋能你的事业！

——知行演说品牌创始人　王彦军

蒋总是我眼中为数不多的极具愿力的企业家，和他合作是一件很爽的事。他是一个坚定的长期主义者，他对价值观的理解极其深刻，且富有洞见。他穿越过周期，也持续在迭代，他的经验值得所有个体创业者和创始人学习和借鉴。

——《定位高手》作者、书香学舍主理人　刘 sir

在追求一夜成名、瞬间暴富的人看来，获得成功最重要的是靠运气。《做长期正确的事》这本书，在当下社会不啻为一种清醒剂，令人大有振聋发聩之感！该书以严谨的哲理、缜密的构思、平实的语言娓娓道来：只有谋定后动、久久为功、不忘初心、顺应潮流，才能赢得真正的成功，也就是持久的成功。

——上海衡可儿教育集团创始人、董事长　衡杨观依

我们常说“做正确的事”比“正确地做事”更重要，可何谓正确的事，对我们普通人来说难找，对已经在做 IP 的人来说难抉择，对企业主来说看似懂了，但资源和时间并没有倾斜过去。这本书给出了答案：首先我们得了解正确的营销模式有哪些，不要自嗨式成长，更不要自嗨式努力；其次是找到正确的商业模式，这个模式一定是顺应了趋势，遵循并秉持了个人价值观。在这两点的基础上，我们应充分厘清什么是“正确的事”，再去确定目标、分配个人精力和资源，回归到“正确地做事”上。这本书建议读三遍，按目录读一遍，按当下痛点所对应的章节读一次，接着看完作者自序，重新思考自己的问题的真相，最后再重头读一遍，这时就会有种豁然开朗的感觉。

——讲书人、《如何有效阅读一本书》作者　箏小钱

推荐序

真正有智慧的人，都在坚持做长期正确的事

我和老蒋 2009 年认识，是十多年的挚友，也是一路并肩作战的最佳拍档。

老蒋不算是一个天赋型选手，但具备长跑冠军的特质。无论是在创业的低谷期，还是在事业的巅峰期，他始终如一，不逢迎风口，也不畏惧风雨，极度认真、持续拼命努力，在追梦的道路上稳步向前，找到了属于自己的活法。

《做长期正确的事》就是一本老蒋的“《活法》”。我与老蒋的人生起点和轨迹有很多相似之处，所以第一次读这本书的时候，我就产生了强烈的共鸣。

老蒋说：“成功的底层原因，在于做长期正确的事。”那何为长期正确的事呢？我们常说“不要做思想上的巨人，行动上的矮子”，但有一类人是“行动上的巨人，思想上的矮子”。比如，有些人因为某个行业很火，于是就跟风做这个行业，但是却很少思考做的意义，以及它是否符合个人价值观。

老蒋从自己的创业经历中，总结了一些可以照着做的长期正确的事，我们只要复制他的成功经验，就可以避免走很多弯路。

跑步是正确的，没坚持下来；减肥是正确的，没坚持下来；阅读是正确的，没坚持下来……我们明明知道做某些事肯定是正确的，但是却坚持不下来。我想这种情况很多人都遇到过，它也以各种形式存在于我们的生活和工作中。

如何坚持做长期正确的事呢？比如“运用笨功夫的力量”“结硬寨，打呆仗”“好的价值观，赋能长期正确的事”，老蒋在书里给出了很多答案。

长期正确的事往往是那些需要时间积累才能看到成果的事，也是与大多数人想要短期获得巨大回报大相径庭的事。因此，能够坚持下去的人往往少之又少。

然而，真正有智慧的人，都在坚持做长期正确的事。找到一个正确的方向，静下心来，长期做，耐心地做，持续不断地做，最终，你所获得的回报往往能超出你的预料。

秉持长期主义，做难而正确的事，不管道路平顺或是崎岖。就像赛跑，枪声一响，跑就完了！

最后，祝大家在读完本书之后，找到“长期正确的事”，去坚持，去热爱！

创客私董会主理人　彭颂媛

目 录

第一章 成功的底层原因，在于做长期正确的事

第二章 IP 经济时代，找到长期正确的营销模式

第六章 顺应趋势，将长期正确的事进行到底

1

第一章

成功的底层原因，在于做长期正确的事

长期正确的事，就是那些既符合社会价值，又能为客户提供价值，还能让自己不断成长并从中受益的事。

▶ 对于价值的判断，创客匠人团队一般有三个标准：首先，扪心自问，做这件事，对社会产生的影响是正面的还是负面的，有没有价值；其次，做这件事，能否对他人、对客户产生价值；最后，做这件事，对企业是否有价值。如果三个答案都是肯定的，那么这件事就有价值，就值得做。

▶ 好的目标要满足三个特征：一是满足客户需求，为客户创造价值，二是时机适当，三是以价值观为标尺。

▶ 每个人都有自己的能力边界。我们要想办法提升自己欠缺的能力，这是长期正确的事，需要持续不断地坚持做。

▶ 做好时间管理。在重要的事情上花时间。尊重自己的时间，也尊重别人的时间。

▶ 在做长期正确的事的过程中，我们难免遇到很多变化，或者很多挫折。应对它们，靠的正是超强的执行力。

何为长期正确的事

曾有“95后”“00后”的员工问我：“老蒋，你觉得什么是成功？”这个问题，让我顿时陷入沉思。同时，我又很疑惑，“95后”“00后”的员工，怎么入职第一天就问我什么是成功？幸好，这个问题，我认真思考过。

我很理解，很多人都在追求成功，期待成为别人眼中那个闪闪发光的成功人士。至于究竟什么是成功，一千个人眼中会有一千个哈姆雷特。有人认为是多赚钱，有人认为是获得幸福。受各种主观因素、客观因素的影响，不同的人在不同的人生阶段，对成功的理解是逐渐变化的。

到目前为止，我对成功的理解，主要经历了三个逐步升级的阶段。

第一个阶段，考上大学，走出大山。

为什么我那时觉得这就是成功？是因为我的家乡在一个贫穷落后的小山村，隶属桂林的一个偏远小县城。从小到大，我一直看着自己的同乡辛辛苦苦地劳作，感觉他们的日子过得十分艰辛。我不想再过这样的生活，十分渴望逃离家乡，出去赚很多很多的钱，认为这就是成功。那时候的我，对成功的理解就是这么简单。

第二个阶段，在公司里升到最高的职位。

大学毕业后，我与同学一同应聘到一家公司。我们的关系不错，彼此间的竞争也显而易见。经历一些事情之后，我意识到，无论对手是谁，要想在职场生存下去，就必须在竞争中胜出。因此，那时候的我，对成功的理解，就是在公司里升到最高的职位。

第三个阶段，由证明自己到形成价值观。

奋斗了数年之后，机缘巧合之下，我从公司辞职，选择个人创业。起初，我只是简单地希望以此来证明自己，但在持续创业的过程中，随着公司逐步发展壮大，我对成功有了更深入的理解。

具体而言，我理解的成功主要体现在两个方面：一是家庭幸福，二是为社会、客户、企业创造价值。

家庭幸福，可以分为两个维度：精神上，家庭关系健康和谐；物质上，能给家人很好的帮助和支持。

至于创造价值，创客匠人的创业理念——成为一家为社会创造价值的公司——已经做了很好的诠释。

对于价值的判断，创客匠人团队一般有三个标准：首先，扪心自问，做这件事，对社会产生的影响是正面的还是负面的，有没有价值；其次，做这件事，能否对他人、对客户产生价值；最后，做这件事，对企业是否有价值。如果三个答案都是肯定的，那么这件事就有价值，就值得做。

在对成功的理解不断升级的过程中，我逐渐意识到，做长期正确的事，对成功有着举足轻重的作用。

什么是长期正确的事？

长期正确的事，就是那些既符合社会价值，又能为客户提供价值，还能让自己不断成长并从中受益的事。

就个人而言，做长期正确的事也许无法让你在短时间内有所成就，但至少可以让你少走弯路。换言之，这就是走在通往成功的捷径上。

企业也是一样。围绕客户价值做长期正确的事，企业至少不会倒闭，也不会大起大落。

很多人问我："老蒋，你创业 11 年，是怎么一路坚持下来，把公司做到现在这个规模的？"

我给他们的答案始终只有一个，那就是我一直在做长期正确的事。

做长期正确的事，不仅能锻炼个人能力，还有助于抓住机遇和运气。各种因素叠加在一起，你离成功就越来越近。

创客匠人能坚持到现在，一部分原因是靠运气，只是刚好抓住了时机、选对了赛道，而不是我的能力有多强，或是眼光有多长远。

2015 年，创客匠人开始做知识付费；2018 年前后，知识付费赛道迎来爆发式增长。此时，创客匠人的团队已经磨合了两三年。基于此，创客匠人才能在知识付费的赛道上快速脱颖而出。

坚持做长期正确的事，让创客匠人有了坚实的基础，因此才能接住运气。有了积累，恰好又迎来新的机遇、新的风口，创客匠人才有机会一飞冲天。

2021 年下半年，创客匠人开始做内容付费短视频小程序服务商，借助既有的资源，很快成为行业头部。既有的资源加上新的机会，让创客匠人比别人更接近成功。

即便如此，在追求成功的路上，很多人也难免遇到一些阻碍，比如急于求成、选择或判断失误、频繁地更换赛道等。关于如何规避这些阻碍，我有一些建议。

运用笨功夫的力量

曾经有员工问我："老蒋，你觉得成功最快的捷径是什么？"听到这个问题时，我愣了将近一分钟，最后用公司的价值观给了他答案。我说，成功最快的捷径叫专注。

专注地做一件事，这看起来是用笨功夫做事，但其实正是通往成功的一条捷径。很多人总想找各种捷径，以最快的速度获得成功。走向成功的过程就像挖井一样，挖几米，看不到水，就换个地方挖，总想着说不定能从别的地方挖出水。可是，只挖几米深，怎么可能挖出水呢？倒不如一口气挖上 1 万米，这样更有机会挖出水。这个过程，体现的就是笨功夫的力量。

看透事物的底层逻辑

曾国藩说过一句话，让我印象极为深刻，叫作"结硬寨，打呆仗"。朝廷派他去打太平军，他却派人挖壕沟，把敌人围困起来。

大臣们无法理解他的行为，急得直跺脚——朝廷拿出这么多俸禄，让你去打仗，你倒好，居然跑去挖壕沟，打仗的事只字不提。可谁曾想到，这样围了两三年，太平军竟自动瓦解。曾国藩没费一兵一卒，不战而胜。

这其实是一种智慧，他看透了事物的底层逻辑。太平军势头很猛，想速速取胜，却师出无名、粮草有限，而曾国藩有朝廷做靠山，有源源不断的粮草和兵力，只要能稳住局势，太平军的锐气必然受挫。因此，曾国藩选择围住太平军，没有百分之百的把握，绝不出兵。

他懂得分析敌我的形态，分析各种优劣势。对手的现状是怎样的？心态是怎样的？具不具备速胜的条件？分析清楚之后，结果显而易见。在当时的条件下，“结硬寨，打呆仗”，是最好的选择。

同样的道理，如果想快速成功，你不妨问问自己，究竟具不具备相应的条件。如果不具备，就老老实实地把当下的事情做到极致。这就是成功最快的方式。

抵挡诱惑，遵从本心做事情

互联网的出现加快了人们获取信息的速度，快速打破了信息差。想了解一个行业，只要稍微用点心，上网搜一搜，短短几天时间，你就能有个基本的了解。

当然，它的弊端也很明显。信息高速更迭，各种信息泛滥，很多人变得浮躁、急于求成、想赚快钱。这就带来一个普遍现象——频繁地更换赛道。我见过一些朋友，毕业之后的 15 年里，他们换了八九个赛道，并且每次跨度都非常大。

其实，每个行业每一年都有可能出现新的风口。一个人如果缺乏定力，无法坚持做长期正确的事，在面对形形色色的诱惑时，就很可能做出一些与最初的想法背道而驰的决定。

我也曾经历过这样的时刻，被诱惑蛊惑，陷入困境。2014 年底到 2015 年上半年，股市行情很好，赚钱就像从地上捡钱一样简单。我的一个朋友用几百万元做杠杆，很快就赚了四五千万元。

我觉得炒股票比经营企业赚钱更快、更稳，决定入局试一下。最初，我确实赚到一些钱，没承想后来遇到了股灾，赔了几百万元，心情一下子跌到谷底。当时，公司正面临转型，存在很多不确定性，在相当长的一段时间里，我完全没心思好好经营公司。

所谓吃一堑，长一智，赔钱之后，我告诉自己：不擅长的事情不要做，不熟悉的领域不要进入，跟公司业务不搭边的事不要做。这“三不要”被我视作圭臬，一直到今天都不敢违背。

那么，我们究竟要如何提升定力，抵挡诱惑呢？我给大家介绍几个小方法：

第一，在日常处理事情的过程中，多复盘，多总结。

第二，在事上练，通过一些遭遇打击、挫败和犯错的经历来提升定力。

第三，读修心的经典作品，比如王阳明、曾国藩、稻盛和夫的书。

第四，意识到“你看见目标，就看不见困难；看见困难，目标就模糊了”。把关注点放在目标上，而不是遇到的困难上。

在做长期正确的事的过程中，不是所有事情都有一个标准答案，也不是所有事情都有法律条款或某种规则来约束，更多的是要与人性做对抗。

人性往往难以捉摸。但是，如果有恒定的价值标尺，很多事情就会变得很简单。

那该如何判断自己做得对不对呢？

我很崇拜的偶像王阳明曾说“致良知”，稻盛和夫先生曾说“作为人，何为正确？”在面对诱惑或者做选择的时候，这两句话就是我的衡量标准。它们会指引我，让我有所为，有所不为。

创业十余年，关于做长期正确的事，我很想跟大家分享一句话：保持专注，静待花开。

当然，每个人在人生中、在职场上总会面临各种选择。究竟怎么选，与个人的价值标尺密切相关。价值标尺不一样，做出的选择自然千差万别。朋友，你的价值标尺到底是什么？

目标感，带你找到人生前进的灯塔

我从不掩饰自己对王阳明的推崇，他为人处世的方式及思考问题的方法，很多都值得我借鉴。经历了起起伏伏之后，他总结出人生的四个顿悟：立志、勤学、改过、责善。

在他看来，立志是成就一切的基础。先立志，有了志向，才有目标感，才会不断地向着成功的方向努力。对目标感，我有着同样的感受。

然而，现在很多人都缺乏目标感，每天浑浑噩噩，不知道自己在追求什么，原因不外乎两个：

第一，从大环境看，物质生活越来越好，很多人乐享安逸，缺乏向上的动力。

第二，从教育方式看，家长为孩子从小树立的目标就是考大学。一旦这个目标实现了，孩子缺乏新的目标，或者家长没有引导孩子产生一些新想法，孩子就会失去目标感。

大学时期，我也有过目标不清晰的阶段。考上大学、走出大山的目标实现了，我自认为成功了。我不知道自己该追求什么，很迷茫，于是在网络游戏中荒废了三四年时光。直到毕业之际，内心忽然有一个声音召唤我，我才意识到自己不能再继续这样下去，才开始想做出一些改变。可惜，大学时光不再，我也没有足够的时间去弥补前几年的遗憾。

大学毕业之后，我在工厂工作了一两年。那段时间的我，完全称得上养尊处优。不是因为我的成绩有多好，也不是我学的制糖专业有多厉害，而是因为这个专业非常冷门，当时全中国只有广西大学开设了这个专业的本科。可是，在工作的那段时间里，我一直没有成就感，很想做出改变。

在某个阶段，我强烈地想要逃离工厂。一方面，我不喜欢这个工作；另一方面，工厂的环境很难改变，我没办法安心学习。当时，我考过了英语六级，加上很喜欢语言，于是考虑考个同声传译证书，还在网上买了不少书。不过，学习了一段时间后，终究还是失败了。

在这段经历中，我探索过、犯过错，也有过目标不清晰的痛苦时刻。它给我的内心带来了煎熬，也带来了升华，对我之后的职业生涯有很大的影响。

我意识到，没有人一开始就知道自己想要什么。每个人都要经过探索，才能找到自己的目标，才知道什么适合自己。并且，在不同的阶段，每个人的想法和目标也有所不同。

创立创客匠人平台之前，我们团队开发过一个创业家线上学习平台。后来，我们才慢慢转型去孵化老师，为他们提供所需的知识店铺

SaaS（软件即服务）工具。其间，我也曾问过自己，为什么要这么做？要不要这样做？

经过探讨，我们团队还是决定做这件事。创客匠人的初心，是要打破知识的边界，让知识创造价值。这件事应该由一家公司独自做，还是孵化千千万万名老师，大家一起做？我毫不犹豫地选择后者，它会更酷、更有力量。

现在，我的个人目标是修身、齐家，希望未来能成为像王阳明先生那样的人。公司的目标则是服务 100 万位知识博主，让知识创造价值，为提升国民素质做出贡献。

这样的目标源于我内心强烈的召唤感。创客匠人通过孵化老师，让老师通过分享知识赚到钱，更具价值。这样，就会有更多老师做分享，生产更多优质内容，进而有更多 C 端（消费者、个人用户端）学员因老师的分享而获益，学到各领域的知识。学完知识，学员又可以尝试创造价值。如此循环往复，整个社会价值就会不断提升，这件事情真的很酷。

以前，我们常说："中国少一个创业家学习平台，不会有什么大的改变；但中国如果多了创客匠人这样一个孵化老师的平台，就会更美好。"

想象一下，一个老师影响 1 万名学员，创客匠人孵化出 1 万名老师，影响的就是 1 亿人。这是多么美好的事情。

因此，从某种意义上说，创客匠人不是平台，而是一个无边界的组织。

在不断探索的过程中，我们团队发现，一个好的目标往往需要满足几个特征。

满足客户需求，为客户创造价值

好的目标一定不是凭空想象出来的。它应该是围绕满足客户需求、为客户创造价值而设定的。设定这样的目标可以和客户牢牢绑定，让客户为此买单。此外，这个目标一定要符合团队的愿景、使命、价值观。

比如，创客匠人决定做知识店铺 SaaS 工具之前，总有老师询问：“你们的拓客软件很好，能不能卖给我？我想做自己的线上知识付费平台。”

起初，我们团队是有抵触心理的，因为这样做就意味着给自己增加竞争对手。后来，随着越来越多的老师询问同样的问题，我们决定回归到团队的愿景、使命、价值观上，重新展开思考：如果满足老师的需求，是否符合团队的愿景、使命、价值观？能否更好地助力愿景、使命、价值观的实现？

创客匠人的目标很清晰，就是让知识创造价值。从这个角度出发，我们发现，这样做有价值、有意义。于是，我们毫不犹豫地决定放手去做。

时机适当

一开始，有人建议我们做 PaaS（平台即服务），觉得这才是有实力的大平台的象征。从资本的角度来说，当时 PaaS 确实是比较热门的概念，容易讲故事，可以吸引资本的注意力。

但是，经营企业，首先要与自身情况相吻合。我与公司的技术负责人及相关部门进行了沟通，觉得时机未到，最后决定不做 PaaS 服务。我们考量的因素，主要有以下两个：

第一，现阶段，知识博主的技术力量还有所欠缺。做 PaaS 服务不仅需要创客匠人具备更强大的技术能力，也需要我们的客户具备一定的技术研发能力。也许 5 年后，这些知识博主成长起来，会有一定的技术力量，但在目前这个阶段，他们还有所欠缺。

第二，创客匠人的客户基数有限，体量还不够大。当时去做，我们团队并不能发挥出最大的势能。等创客匠人的客户体量足够大了，技术水平足够高了，再做 PaaS 服务，会更有效果。

如果考虑极个别具备技术力量的客户，做 PaaS 服务对客户肯定有好处。但那样，我们团队需要投入的技术人力可能是眼下的 3~5 倍。对于一家初创企业来说，这不是明智的投入。2023 年，随着客户基数的增长，技术的成熟，创客匠人才开始尝试做一些 PaaS 服务。

我一直说，时机比赛道更重要，什么时候做比做什么更重要。在积累还不足够、时机还不够成熟的时候，千万不要盲目地追风口、定目标。所谓天时、地利、人和，天时是首先要考虑，并且必须抓住的要素。在适当的时候做适当的事，人会离成功更近，也更容易获得成功。

以价值观为标尺

于我而言，做任何事情，价值观都是最重要的标尺。有了价值观，很多复杂的事情会变简单，特别是在合伙人之间遇到问题，比如争执不下的时候，大家可以把公司的愿景、价值观拿出来，以此为判断准则。

在公司层面，创始人尤其要努力营造这种氛围。拿我自己来说，高管进入公司之初，我会花费大量时间和他一起吃饭、读书、聊天、泡茶、学东西。经过一两个月的同频相处，我们的融合速度会快许多。

价值观这个标尺对个人同样适用。如果没有价值观标尺，有的人就会选择做一些“短平快”的事情。比如，一些电信诈骗人员最初基本都是被亲戚朋友骗进去的，为什么后来待着不走了？一方面是钱的诱惑，另一方面是这些人抱有侥幸心理，觉得别人能做，我也可以。

如果有价值观标尺，他们就会问自己：

第一，这件事对我有没有价值？答案是肯定的，因为能赚到钱。

第二，这件事对他人有没有价值？答案是否定的，因为别人的钱被骗了。

第三，这件事对社会有没有价值？答案显然也是否定的，因为电信诈骗让很多人家破人亡，给社会造成负面影响。

给出这几个答案之后，他们很容易得出一个结论：即便能赚到钱，也不能做这件事。因为这件事对他人、对社会不仅毫无价值，还有可能引发公共危机。

那么，价值观这个标尺是如何形成的呢？

首先，形成个人价值观。

无论是做创始人个人 IP 还是做企业，都要有意识地找到愿景、使命和价值观。哪怕是抄，也要先抄起来。哪些愿景、使命和价值观最打动人，就抄哪些。抄的过程，就是找同频的过程。

其次，多读圣贤书。

读书时，看到一些有所感触的内容，你自然而然就会想到立志，想到树立自己的价值观。尤其是在颓废、低迷的时候，偶尔看了一本书，你可能就会像挨了一针一样被刺激一下。人是需要不断被刺激的，刺激会给人带来向上的动力。

最后，目标通晒。

创客匠人有一个叫目标通晒的工具——用腾讯文档写下个人工作目标、生活目标。每个月月初，所有人都要把自己的目标发到公司群里，说明自己这个月的目标是什么、完成目标会怎样、完不成目标又会怎样。

这样做有两个好处：

一、它可以促进彼此间的相互了解，几百个人的目标一目了然。你想了解哪个人，就可以去看他的目标。

二、对晒目标的人而言，这是一种承诺——既然晒出来了，就要想方设法把它完成。

最后，关于目标，我想送给大家一句话：看见目标，就看不见困难，一定要多看目标。

我希望大家思考一下，自己的生活目标是什么？职业目标或公司目标是什么？确定目标，其实就是解决一个人的终极疑问——你为什么来到这个世界？

发现能力边界，把不擅长变为擅长

有些问题，你不一定要百分之百地想明白，但一定要去思考，要先有想法。有了想法，就有了目标，就找到了做一件事的意义。

当然，有目标不一定就能成功。每个人、每个组织都有能力边界，能力不足就无法达成目标，面临的困难也就越来越多。真正重要的是，你必须意识到这个问题，也要敢于承认自己有不足之处。谁都不能把自己当成神，否则，必然会走下坡路。一定要怀有敬畏之心，意识到每个人都有自己的能力边界。

有了这个意识之后，我们就要想办法提升自己欠缺的能力。这是长期正确的事，需要持续不断地坚持做。一年做不到，用两年；两年做不到，用三年。只要能坚持，不足之处就可能变成擅长之处。

那么，如何判断自己是不是能力不足呢？一般来说，能力不足主要有以下几种表现：

· 工作效率低

· 不敢开始，总是逃避

· 频繁加班，却拿不出好结果

· 执行力差，领导交代的事完不成

每个人都有能力不足之处，我自然也不例外。一两年前，很多员工跟我说："老板，我们教别人做知识 IP，可你作为公司老板，自己都不做直播，怎么能有说服力？想要别人信服，你要第一个站出来服务客户。"

我不敢做直播，一直推托。直到有一天，客户对此产生了疑问："你作为公司老板，不出来做直播，不跟我连麦，怎么给我赋能呢？总用一对一的方式，天天线下见你也不行啊。"

我意识到，实在推托不掉了。于是，2022 年 4 月，我开始试着做直播。刚开始的时候，我很恐惧，也很尴尬，看到自己的直播画面觉得很不自在。做了 25 场直播后，我渐渐找到了直播的心流体验。现在，我一年应该能做七八十场直播。

从不敢做、没能力做到找到心流体验、得心应手地做直播，我用了一年多的时间。这段时间里，我逐渐摆脱了能力焦虑。

关于如何摆脱能力焦虑，我有几个小方法和大家分享。

借助先进的外部工具

2016—2020 年，公司员工从十几人、二十多人增加到几百人。一切看起来都很美好，可是我后来发现，企业处在高速发展阶段时，很多问题都会被掩盖。新冠疫情突然暴发的时候，我发现公司的组织能力有问题，包括绩效考核、日常管理等，毫无体系，非常混乱。

当时我的目标非常清晰，明明知道未来很美好，却对改变现状无能为力。即便能想到一些很好的目标，却因为人员或者组织能力欠缺，完全落实不下去。

2020—2023 年，我们花了大量时间调整组织结构，从人力资源的架构到整个公司的团队组成，不一而足。

我们不仅走出去学习，还花了几百万元，请一些咨询顾问给我们团队做培训。现在，基本每个季度，创客匠人都会送一批管理人员出去学习。

以前，创客匠人做绩效考核都是单向的，效率很低，效果很差。所谓绩效考核，就是拿个表格，打打钩，也没有反馈机制。员工会感觉公司的绩效考核就是在走形式。

2021 年以后，创客匠人开始重视企业的绩效考核工具，包括腾讯文档、钉钉绩效系统等，我们团队先后都用过。

创客匠人采用互联网的形式做绩效考核，同事评完，领导再评。全部评完之后，公司和员工会各自收到一个确认文件。确认之后，团队再按照“271 原则”——20% 的员工超出期望，70% 的员工符合期望，10% 的员工低于期望——逐一对照，并将员工分类。针对某位员工，是晋升、帮助还是优化，通过系统，我们团队很快就能做出基本判断。

除了绩效考核，创客匠人还建立起内部销售的客户关系管理系统。直到 2021 年，我们团队才开始用这个系统，很多人刚听到时不免诧异——公司有几百名员工，怎么会没有客户关系管理系统呢？

之前，创客匠人确实没用过，员工都是各自为战。这种方式带来的很明显的一个问题是，一天之内，可能会有七八个员工同时联系一个客户，整体的工作效率很低。公司运转顺利时，大家认为只要业绩好，工具并不重要。但是，只要经济下行，公司就会内耗，没有工具的弊端就会很快地显现出来。

2021 年之后，创客匠人逐步通过这些工具建立起了管理体系、协同体系。这大大地提升了团队的工作效率，也让我们团队得以为客户提供更优质的服务。

行动起来，逼着自己往前走

创客匠人的平台上，有一些老师对直播存在恐惧心理。我告诉他们，你们可以看看我的状态，我有自己的公司，管理着数百人，之前从来没有做过直播，但我现在已经有相当数量的粉丝。你们专职做直播，肯定比我更容易拿到结果。关键是，你们一定要行动起来。

想摆脱能力焦虑，一定要先行动起来。一旦行动起来，你就会慢慢找到感觉。在行动的过程中，你一定能想到提升能力的办法。刚开始做直播的时候，我几乎睡不着觉，一有空闲时间就去看别人的直播，看看哪些直播风格适合我，学学别人的语言风格。

我之所以如此，更多的是因为被逼的——团队成员看着我，客户也天天向我提建议。

很多人之所以没有行动，正是因为没有人逼，压力还不够大。创客匠人接触的很多老师都是被迫转型，线下活动无法开展，他们不得不选择在线上做直播。我觉得，“逼上绝境”是最原始的动力。

面对绝境，尝试是必然的选择。不试的话，必死无疑；尝试一下，或许还有存活的机会。你试还是不试？

做任何一件事情之前，你都可以问问自己，底线是什么？万一失败了，会出现什么结果？这个结果你能不能接受？如果能接受，你何不试一下？

拉长时间轴看趋势

有些事情你现在可以不做，但拉长时间轴看，它可能代表一种趋势。今天不做，将来这件事就有可能把你逼上绝境。当然，如果现在把未来的画面摆到你眼前，也很可能吓到你。

前期降低预期，做好心理建设，能有效减少焦虑、紧张的情绪。我经常说，不要拿现在的自己和在行业里深耕多年的优秀的人做对标，而应该看三五年后自己会变成什么样子。比如，我没做过直播，非要和已经做了五年直播的人比较，我一定处于下风，这只会增强我的自卑感，让我焦虑不已。先接受自己不如别人的事实，再行动起来，慢慢地，能力就会提升。

多关注正面反馈

无论做什么事情，都要先行动起来。在不断得到正面反馈的过程中，你的能力自然而然会有所提升。

拿我学习普通话来说，我出生在广西农村，上高中之前几乎没有讲过普通话。即便进入高中，老师依然用方言教学，以至进入大学之后，每句话我得讲三遍，别人才听得懂。

我意识到自己在表达上的不足，于是开始练习普通话。大学四年，我一直埋头苦练，普通话水平基本及格，但依然不敢表达。直到毕业，我仍然一上台就瑟瑟发抖，因为表达，我栽了很多跟头。

慢慢地，我意识到这是个很大的问题。想在职场上影响更多人，不是光讲话就行，还需要拥有在公众场合出色的表达能力。

毕业两年后，我在一家销售公司上班。第一次成功签单时，领导让我分享经验。我彻夜难眠，第二天上台后吞吞吐吐，讲了不到一分钟，就草草结束了分享。

我觉得自己很失败，连一场简单的演讲都做不好。可是，出乎意料的是，竟然有同事私下对我说，感觉我挺适合做演讲的。我问他，为什么有这种感觉？他说我的声音像主持人一样，磁性十足。从他的话语中，我真真切切地获得了一些力量。

此后，陆陆续续有人向我表达了同样的观点。我忽然意识到，我的声音很受欢迎，这是我在表达上的优势。为了给他人更好的倾听感受，我开始尝试在表达上做出改善。经过长期的历练，上台演讲成了我相对擅长的能力之一。

这个经历让我意识到，即便在某些方面做得不是很优秀，但只要愿意付出心力，坚持不懈地努力，并多关注正面反馈，它就有可能变成你擅长的事。

关于把不擅长的事变成擅长的事，我很想送给大家一句话：如果你能把自己的短板变成长板，这就是你独特的能力。因为在你的潜意识里，你会习惯性地对短板发起挑战。

大多数人认为的不擅长，其实都不是真正的不擅长，更多的是潜意识作祟。总觉得自己不擅长，你就真的会不擅长。

你不妨问问自己，哪些事是自己不擅长的？这些不擅长的事，是真的不擅长，还是潜意识里认为的不擅长？

做好时间管理，让你倍速成长

我一直觉得自己的时间观念蛮强的。想做好时间管理，意识层面的认知很重要，不管是与别人合作，还是做个人时间管理。尊重时间，保持高效，这样既尊重自己，也尊重他人。没有这个意识，你就不会有所改变。有了这个意识，你才会想办法调整。

因此，我很注重效率，以及一些沟通节点的达成。比如，过去有一个技术高管，我们两地办公。有一段时间，我经常第一时间联系不上他。我问他在干什么，他说忙于面试，导致很多工作都落下了。

我问他，你每天面试多少人？他说，七八个，早上9点上班，会都来不及开，人力资源部的同事就催他面试，常常是面完一个，下一个就来了。

我问他，面试有没有更高效的方法？接着，我们共同梳理了一个方法：从第二天开始，每天下午3~5点是面试时间，其他时间一律不面试，让人力资源部的同事把人约到这个时间。调整之后，他的工作效率立马提升了。

以前，他经常一下子约三五个人面试。如果他那天要处理重要事情，就只能让面试者干等。现在的面试者基本上是“95后”“00后”，让人家等一个小时，人家可能直接拍拍屁股就走了。时间管理做得不好，自己会很混乱，也会给别人带来麻烦。

身为管理者，你把自己的时间安排好，保持透明，让大家都很清晰，团队的效率才能提高。如果同事围绕着你的时间随机约面试、约会议，大家很可能就是等你的时间。这是时间管理不善的一种表现。

说到时间管理，很多人普遍有这样的误区：

第一，贪多，不求精。

有的人想通过时间管理做更多的事情。比如，有人想赚钱，第一反应是我去做三四份兼职工作。我以前公司里有个销售员，在成为销售精英之前，他在下班的时候做顺风车业务。

我很不理解，过去找他聊。我问，拉一个顺风车客人，能赚多少钱？他说，40块钱。我问，来回要多久？他说，一个小时，而且开顺风车，你肯定要先送客人到他的目的地后再回家，可能要堵40分钟。

我说，你只挣40块钱，回去多睡一个小时，不行吗？多花一个小时，做一下业绩，一个月只要多出一单，你就能多赚5000块钱。但你为了每天多赚40块钱，一个月多挣1200块钱，让自己那么忙。

很多人就像我的这个销售员一样，自认为时间管理做得很好——“你看我下班，还顺便拉个顺风车，挣点外快。”实际上，这很不划算。

与其这么做，还不如聚焦在一个点上。我和他聊完之后，他开始专注于做业务，后来拿了销售冠军，月入几万元，比零散做兼职赚得多多了。

第二，不注重时间的质量。

我曾对某个销售管理层员工说，你盘点一下，你的团队成员通勤时间要多久。通勤时间超过两个小时的，要想办法搬到公司附近住。否则，销售做不长久。虽然一个月的房租可能贵了两三千元，但一天至少能节省两个小时。这两个小时，可以多睡会儿觉。

认识到时间管理的误区之后，我们还要想到解决的办法。具体来说，我给大家提供几个小技巧。

时间管理四象限

史蒂芬·柯维在《高效能人士的七个习惯》中，讲到了时间管理四象限。他有一句口诀：重要紧急的事情，立刻做；重要不紧急的事情，规划做；不重要紧急的事情，授权做；不重要不紧急的事情，选择做。

在做时间管理时，你可以把要处理的事情全部列出来，装在四象限里，看看自己每一天重要紧急、重要不紧急的事情是哪些？

一个真正高效的人士，每天 70% 的时间都应该花在做重要不紧急的事情上。在公司创立早期，我一直不太重视面试环节。虽然我知道这很重要，但就是不去做。有一段时间，因为整体没有把控好，招进来的人不合适，导致工作结果很差。这个时候，我必须及时救火。如此一来，救火就变成重要紧急的事情了。

核心岗位的人员储备也是同样的逻辑。比如，公司核心部门的负责人，就需要做储备培养。因为一旦有人由于各种原因离职，往往很难立刻找到合适的替代人选。

当重要不紧急的事情变成重要紧急的事情时，人们很容易因为匆忙而出错。对管理者来说，招进来的人不合适、没有提前做人员储备，这些都很影响效率。2020 年以后，我养成了一个习惯——只要是主管级别的人选，我基本都要亲自筛选一遍。

选人时，先花时间。选对人，后面的时间才能节省出来。

在重要的事情上花时间

我每天更多的是主动掌控自己的时间，而不是让下属安排我的时间。

我每天一项重要的工作就是到各处巡查，看看哪些地方需要改进，或者在哪里要做一些长期的事。比如，某个部门的人才结构比较弱，我会思考，这个部门的人才应该由哪几部分构成？是部门领导的意识有问题，还是他们培养人才的方式有问题？又或者是创客匠人的整体架构有问题？

类似的事情我可能会做很多，但更多时候，我会在工作中主动收回自己的时间分配权。事情推到我这里，我首先会思考，这件事情有没有人替我做？如果有，我就找到他，把工作分配给他。

我更愿意把时间用在重要的事情上，这能让我的效率更高，也能让团队的效率更高。

工作即生活，生活即工作

如果公司新来一位部门负责人，在他入职的前一两个月，我几乎每隔一两个星期就会拉他出去喝一次酒。中午吃饭的时候，我也常常约他一起出去。工作中的很多事情，其实都是在工作之外、在饭桌上解决的。

下班后，拉上两三个人，去酒吧喝点儿酒，在那里谈天说地、谈古论今，天南海北地聊，这是情感的链接。有的时候，我去参加其他部门的聚会，也会带着这个新人，给他提供快速认识大家、融入大家，和大家产生共鸣的机会。

除此之外，大家还可以一起晨读，约好时间，共读一本书。

工作即生活，生活即工作。我们要用辩证的眼光来看待工作及生活，而不要用对立的眼光去看待两者。工作是为了更好地生活，生活是为了更好地工作，两者是一体的。大家一起共事，除了每天正常的工作来往，也需要情感链接，而生活就是最好的调味剂。

或许因为创客匠人的人文关怀做得比较好，大家不会觉得工作和生活之间有明显的界限。同事们出去聚会，大家喝酒、打牌，能玩三四十个小时。

我有三个孩子，以前去外地学习，我都会把他们带上。我去工作、学习，他们去玩。公司聚会，我有时也会带上他们。我鼓励员工带上家人一起玩。

工作和生活，大可不必分得那么清楚。你喜欢一份工作，自然会觉得它是生活的一部分，而不会将它当成负担。

规划工作中的“三件事”

既然工作和生活难以划出清晰的界限，那么我们倒不如好好规划自己的工作，学会在工作中享受生活。

第一，通过月报，拎出“最有成效的三件事”。

创客匠人的月报有格式，每个员工会填写本月自认为最有成效的三件事。写出来之后，我会看他们写的这三件事是否具有长期规划的属性。我也不例外。

比如，2023 年 6 月，我做的最有成效的事是和书香学舍洽谈出书事宜。这就是具有长期规划属性的事情，是一件对我的未来很有价值、很有意义的事情。可能未来很多年，这本书都会对创客匠人内部、外部产生影响。

第二，通过周会，拎出“最有价值的三件事”。

创客匠人有个习惯，每周一 7：30~9：30，部门负责人开周会。其中一个很重要的环节是，每个负责人要汇报本周最有价值的三件事。

此外，周会、月会、季度会、半年度会都非常重要，一定要开。一方面是向上级汇报，大家要协同；另一方面，也是对自己工作的复盘。

这么多年来，创客匠人一直这样做，这一工作已经常态化。创客匠人把这当作一种自我管理，只不过是在组织中进行了同步。

第三，通过绩效考核，做好“最重要的三件事”。

针对核心岗位，在“最重要的三件事”的规划上，创客匠人还会做一些绩效考核。绩效考核有主观部分，也有客观部分，哪个更重要取决于考核的比重设计。

比如，针对有的高管人员，重点考核的是他当下的表现，而我则更看重他对这个组织的未来做了什么，会产生什么影响。比如，某一季度，我会要求一些高管人员建设整个部门的人才梯队。

另外，要做好管理，团队聚焦很重要。不管是从自身开始，还是从员工开始，必须通过各种措施实现聚焦。我最怕员工写日报、月报时，一下子罗列几十件毫无头绪的事情，看了简直头疼。

当然，如果他想写二三十件事，想详细写给我看，也没问题。但他必须把自认为最重要的三件事标红，让我第一眼就看到这三件事。

如果员工列了十件事，到了下个月一件都没有明显的进展，或者没做出什么成效，又或者每件事只推进了一点儿，都没有完成。这种所谓的时间管理，是我最怕、最不想看到的。

关于时间管理，我最想送给大家的一句话是：尊重自己的时间，尊重别人的时间。

大家不妨盘点一下自己每天、每周、每个月的工作，看看 70% 的时间花在了哪里。是花在了重要紧急的事上，还是花在了重要不紧急的事上。

提升执行力，从想到到做到

做长期正确的事，执行力是一个必要条件。在做长期正确的事的过程中，我们难免遇到很多变化，或者很多挫折。应对它们，靠的正是超强的执行力。有执行力，长期正确的事才能推进下去。

就创客匠人来说，虽然创业过程中遇到了很多波折，但因为拥有超强的执行力，我们团队很快就从低谷爬了上来。创业过程中，你真的有欲望、有动力去做一件事，有超强的执行力，养活团队和公司就没多大问题。

反之，想得多，做得少，则会连基本任务都完不成。我们经常讲，三流的点子、一流的执行好过一流的点子、三流的执行。很多时候，企业的战略都是执行出来的，做着做着可能就对了，而不是一开始想出来的。

我在创业的两个阶段中，凭借超强的执行力，克服了不少的困难，也应对了极强的挑战。

第一个阶段，2012—2015 年，探索和快速验证阶段。

以前，我常常和太太开玩笑说，2012 年，但凡有一家公司愿意给我 7000 元的月薪，我也不会选择创业。不是我不思进取，而是因为我是农民出身，根本不具备创业的眼界。我的创业真的是机缘巧合，甚至可以说是形势所迫，只是为了创业而创业。

这个阶段，我们团队探索了很多产品和项目，不断验证它们是不是长期正确的事。我们首先想到的，是要生存下来。毕竟，公司刚刚起步，随便一点儿风吹草动都能让公司濒临破产。这期间，我们团队做过几次转型。

2012 年，我开始创业，当时并没有明确的方向。我在教育咨询公司工作过一段时间，对教育咨询很感兴趣，所以想到给企业讲课，而且可以免费试讲。听完之后，企业如果觉得有收获，再付费。

于是，我们十来个人一起开发了内训讲师这个项目。但是，那个时候，我们团队更像是混饭吃。市面上什么挣钱，我们团队就代理什么。经营了一段时间之后，我们发现，这样不对。可是，我们团队当时的能力、资源、眼界就是那种水平，做出那样的选择也不足为奇。

2013 年，我们团队创立了一个类似于土巴兔装修网那样的平台，在全国各地招商，吸引商家入驻。这个片区划分给谁，谁就要想办法让片区里的家装公司入驻。

公司总部负责投入资金，付费买流量。平台要有流量，商家才愿意入驻。但我们团队的执行力太强了，公司总部的网站还没有成形，我们团队就已经招募了很多人。结果，流量投放上不去，C 端的客户一直进不来。

三四个月之后，这个项目无奈宣告失败。我们团队招募的代理商开始大批量地退款，公司总共赔了将近 100 万元。

现在回头看，当初选择那家公司时，我们团队有点儿冲动。他们是传统型的公司，当时想转型做互联网，又是熟人介绍，我们团队很随意地就答应了。重新来过的话，我不会这样选择，因为他们本身不具备互联网的基因，是在做没做过、不擅长的事，很大概率是无法成功的。

第二个阶段，2015 年至今，深耕和专注阶段。

度过快速验证的阶段后，我们团队选定了方向，专注于知识付费领域，慢慢坚持了下来。

直到今天，创客匠人能取得这样的成绩，在行业内有一定的影响力，我觉得团队的执行力起了很大作用。

2015 年，我们团队开发了一个基于移动端的企业家学习平台。做这个项目，缘起其实非常简单：我在从厦门到杭州的动车上看了一篇文章，这篇文章分析了三、四线城市和一线城市居民因教育资源不平衡所导致的认知差。

看完之后，我深受震撼，毕竟我是从农村出来的，能深刻地体会那种感觉。于是，我告诉自己，要做一个基于移动端的知识付费平台或教育平台，来打破这种教育资源的不平衡，打破人的认知差。

回去之后，我把三四个核心成员召集起来，告诉他们，未来是一个移动互联网的时代。我们团队做了这么多年，都在做别人的产品。现在是一个很好的机会，我们应该做一个属于自己的产品。仅仅一个小时，团队内部就达成了共识。很快，我们做好分工，开始操作这个项目。从有想法到落地，我们团队只用了不到一个月的时间。

一开始，我们团队没有平台。怎么办呢？团队想到的办法是在社群里分享。我们团队是比较早的一批在社群分享的人，课程起初定价 99 元。客户入群之后，我们团队每个星期给他们分享两节课。一两个星期之后，我们开始公开售卖会员。卖出后，课程要在一个月后交付，但是我们找不到老师。

于是，我和我的两个合伙人说："我们一个人讲两节课。不管你们用什么方式，去听别人的课也好，查资料之后自己写出来也罢，反正要讲。"最开始的五六节课，基本是我们几个合伙人讲的。

讲什么呢？那时候比较流行社群，包括创业时怎么运用社群、怎么用 QQ 营销、怎么带团队等。后来，陆陆续续有老师入驻，这个项目就持续推进下去了。做了不到 1 年，根据大量老师的反馈以及创客匠人的使命，公司开始转型做孵化知识博主业务，为知识博主提供线上知识店铺及孵化服务。转型成功的背后，团队强大的执行力起了非常关键的作用。

2019 年，创客匠人在新三板上市。回顾走过的这段历程，公司的发展轨迹真的和我们团队规划的差不多。

大家不难发现，当一个人种下了心锚，有了目标之后，所有资源都会向目标倾斜。

那么，执行力差的人又有哪些表现呢？执行力差的人，通常有两种表现：

第一种，磁场差。如果不加以改善，这些人做任何事都无法获得心流体验和成就感，收不到正面反馈，很多事情都完不成，而且做每件事都是蜻蜓点水。既然不热爱，工作效率也就比别人低很多。为了做事而做事，做事是没有灵魂的。

第二种，在组织里找不到存在感。这些人要么被淘汰，要么自然流失。人在组织里，一方面是为了钱而存在，另一方面，越高层级的人越是为了成就感而存在，钱满足不了所有需求。

对于这些执行力比较差的人，我的建议是：

快速聚焦，集中资源做起来

如果认为某一件事情很重要，就要快速聚焦，集中所有资源做起来。

比如，2023 年 3 月，我计划写一本书、录一门课，其中要有创始人故事，要有客户故事，还要做自己的圈层。

结果，在之后的三个多月里，我们团队录制了两门课程，书的相关工作对接完毕，正在共创的路上。我的故事被拍成了一些短视频，还打造了一个新的视频号平台，用于讲创始人故事及创始人与客户之间的故事。

每个阶段，创客匠人都聚焦在某件最重要的事情上，而不是同时推进好几件事情。当然，还有一种情况，就是一个人注重这件事情，另一个人注重另一件事情，两件事情如果需要同时推进，二者就要配合起来，坚定地执行，提高彼此的效率。

先有行动的密度，才有行动的质量

我一直坚信，没有行动的次数为基础，学得再多都是业余。

行动很重要，想再多不如动一动。比如，有人想做直播，准备很长时间，还不如准备一天，第二天直接开播。只要不影响大局，就可以去试。在尝试的过程中，你会逐渐产生感觉。仅仅靠想，肯定无法成功。

很多老师问我："老蒋，怎么提升做直播的能力？"我只告诉他们一个方法，就是先做起来。做个 10 场、20 场、40 场之后，自然就有做直播的感觉了。不行动起来，即便知道 1 万种直播的方法，也起不到任何作用。一言以蔽之，先有行动的密度，才有行动的质量。

创客匠人在 2015 年转型时，靠的正是行动的密度。起初，团队只有一个想法，但不确定它是小范围的需求还是大范围的需求。

一开始，我们基本与熟人合作，他们的反馈很好，评价也很高。但是，小样本很难复制，和这一两千个人合作完，我们接下来怎么办？更何况，这一两千个人也不全都能成为客户，真正的客户可能只有 50 个、100 个。

选定方向之后，一定要亲自验证客户市场，并且速度要快。成功率不高，立刻切换赛道。为了提升行动的密度，我选择走到前端，去见客户。

比如，我到北京出差，约见 20 个客户，用 10 天时间把所有客户见一遍。将近六个月时间里，我每个月去一个城市，约见三四十个客户，基本靠量取胜。在与客户交谈的过程中，我很快就能发现客户的核心需求是什么，他们为什么要买创客匠人的产品。

创客匠人验证市场的过程非常快，短短半年时间，整个项目就立起来了。有了计划，立刻全力去做；感觉方向不对，果断放弃。这就是超强执行力所带来的结果。

每月复盘，给自己提出新要求

周报和月报中列出的重点事项，你要时刻去看、去检查，看看自己完成了多少。如果没完成，是执行上出了问题？还是能力有所欠缺？抑或是认为这件事情不重要，不愿意去做？

如果已经制订了计划，确定了方向，在执行过程中出于某些原因放弃了，那就是执行力有问题。

这种情况下，你就很有必要去提升执行力，确保计划可以顺利地执行。提升的方法重点如下：

第一，以任务为中心和导向。

月报是一个述职报告，每个人都要在其中阐述这个月自己做出了什么成绩，下个月有什么目标任务。任务确定之后，一切工作都要围绕它展开。特别是部门负责人，更应该做好统筹规划，以身作则。

第二，设置时间节点。

要明确的一点是，执行力不一定全是针对自己的，还涉及部门之间，毕竟组织内部是一环扣一环的。比如，技术部门不是孤立存在的，势必要配合销售、客服部门，一个部门执行力差，就会影响整体效率。学会设置相应的时间节点，不仅是为了督促别人，也是为了更好地管理自己。

第三，每个月复盘时，对自己提出一些新要求。

每个人每天的工作都会有变化，都会出现新的可能。复盘时，一定要以新眼光去看待一切，对自己提出一些新要求，这样执行起来不仅有新鲜感，也会更好地促进执行力的提升。

第四，通过日常工作，评估自己的执行力。

经过长期复盘，每个人都会对自己的执行力有所了解，进而通过日常工作对自己做出进一步的评估。如此一来，我们就能从更细微之处审视自己的执行力。

关于执行力，我很想送给大家一句话：先干起来，一个人最起码可以干掉 90% 的竞争对手。

一个人在做长期正确的事，且足够聚焦，大家看到他一点一点地变好，自然会觉得他靠谱。反之，一个人阴晴不定，今天选一个赛道，明天选另一个赛道，给大家的感觉就是波动性的，他的执行力也是不稳定的。

如果感觉自己的执行力不够强，你不妨思考一个问题：你是不是在做长期正确的事？

2

第二章

IP 经济时代，找到长期正确的营销模式

保持开放的心态，主动拥抱 IP 经济；未来所有行业，都值得用“创始人 IP+ 内容 + 直播 + 短视频”的形式重做一遍。

▶ 盯着当下做的事，关注服务的这群人，看清他们的核心需求。

▶ 多去思考客户要什么，少围绕自己现在在讲什么。

▶ 打磨独一无二的产品是一个逐步进化的过程，老师需要逐步与客户建立深度链接。产品出现后，以什么样的营销模式去传播，也是一个需要认真思考的问题。

▶ 创始人做事的发心决定了整个事业的未来。创始人发心是“1”，产品、模式是“0”。有“1”，“0”才有意义。无论做什么，都要先找到发心，做好定位。

▶ 工具的价值是把实战中的一些经验和方法标准化、流程化、系统化。很多时候，打败你的从来不是工具，而是那些善用工具的人。

IP 经济的现状与未来

近些年，随着互联网的发展，IP 经济的能量被越放越大。以前，大家理解的 IP 经济，就是在线下教书、上课；现在，人人都是知识 IP，只要有一技之长，只要愿意分享，就可以在各种平台上发声。

IP 经济的发展历程，可以简单分为几个阶段：最初，知识通过文字传播，以线下教学的形式为主；2015—2019 年，互联网的发展带动了线上视频教学的兴起，知识 IP 更多地在移动互联网上通过微信等私域平台传播；2019 年之后，IP 经济进入短视频、直播时代，有了更大的发展空间。

与此同时，赚钱方式也有了很大变化。在传统观念里，教书先生的生活是很穷困的。像我爷爷，一生投身教育事业，受人尊重，却挣不到什么钱。我爸爸之所以读到高中就不再继续上学，是因为他要劳动赚工分，补贴家用，养活弟弟妹妹。

现在，越来越多的人逐渐意识到“人赚不到认知以外的钱”，于是，人们纷纷开始提升认知，知识付费行业因此有了更多的市场需求。尤其是 2015 年以后，随着互联网基础设施的完善，进入知识付费领域的人越来越多，很多知识博主已经在这场浪潮中有了收获。在私域平台上教书、卖课，一年能获得成百上千万元的收入，放到 20 年前，这是很多人想都不敢想的。

在互联网上做知识付费，知识的传播率几乎呈指数级上升。这种局面会迫使人们向上学习，促使大家做出一些改变。人们发现自己能通过互联网赚钱，自然就想做分享。

这是一个很好的现象——越来越多的人愿意把自己当作老师，将知识传播出去，让更多的人从中受益。当一个国家的所有人都开始崇尚教育，这个国家一定会越来越好。

如今，以 ChatGPT（人工智能技术驱动的自然语言处理工具）为代表的人工智能 2.0 时代来临，未来世界的教育模式将发生重大变化。比如，元宇宙这个 AI（人工智能）概念难以普及，很重要的原因是它的成本很高，但 ChatGPT 会让它的成本呈指数级下降。未来，元宇宙也许是一种最基本、成本最低廉的教育模式。

举个例子，现在做访谈，我要乘飞机到北京，跟刘 sir 面对面交流。在未来的某一天，如果元宇宙技术得到充分发展，我就无须亲自乘飞机前往北京，只需舒适地坐在家中，就能接受访谈。元宇宙的先进技术能够让我与采访者进行生动而真实的互动，体验与面对面采访无异的交流感受。

我心中一直憧憬着这个场景，并热切期盼其早日变为现实。如果十年之后就能做到，我想我不会太惊讶。

这个目标的实现将对教育领域产生深远影响，引领教育场景、体验等方面的巨大变革。我有充分的理由相信，十年之后我们所见的创客工具将不再是现在这样的形态，而是基于元宇宙技术的先进工具，为人们提供更高效的支持。

想对元宇宙有更深入的了解，我推荐大家去看一看《盗梦空间》。以前，我根本看不懂这部电影，但随着认知的提升，突然有一天，我能看懂它表达的意思了。因为我从元宇宙、AR（增强现实）、VR（虚拟现实）的高速发展中，意识到它展现的世界是一层一层剥离出来的。陷入其中，往往很难看清本质。它实在太过逼真，很多人已经分不清它与现实的差别了。

这很可能就是未来 10 年、20 年、30 年人工智能的发展趋势。整个元宇宙，可能就像盗梦空间的概念一样。

我很确信，未来的 IP 经济和过去一定会有很大的不同。

第一，碎片化的学习方式。

人在头脑中构建的知识体系一般可以分为两类：一类是结构化的知识，另一类是碎片化的知识。

传统教育更注重结构化、体系化，训练的是人的结构化思维。知识付费、知识 IP 所传播的知识更为碎片化，提高的是人的认知水平及知识的储备量。

我一直认为，知识付费是传统教育的一个优质补充。两者相辅相成，相互支撑，让知识体系变得更加完整和牢固。一个人不能只有结构化思维，也要努力提升碎片化的认知，否则无论怎么学，都是在一个圈子里绕来绕去。认知提升了，人就能明白比学得好更重要的是，知道什么是对、什么是错。这样学才是有的放矢，效率才会更高。

在这种学习方式的影响下，现在大部分人的认知水平比 50 年前的人的认知水平要高。现在的孩子比我们小时候的认知水平要高出许多，他们的认知就主要来自碎片化的知识，这对整个社会的推动意义重大。在这个过程中，人的成长速度在指数级上升，社会的发展速度也在相应地提升。

第二，打破知识边界，推动全民素质提升。

除了学习方式的变化，学习也变得更加便捷。学习大环境的变化，让学习变成了一件不得不做的事。

如今这个时代，打开朋友圈，我们常常能看到张三、李四等人都在努力地学习和成长。一个人即便不想学，也会被别人推着往前走。此外，网络平台上众多分享者的经验和知识也在无形中激励着人们，促使更多人积极投身于学习当中。这种无形的推动力不仅来自个人的内心需求，更来自周围环境的影响。

随着线上课程的普及，其价格也呈现出越来越亲民的趋势。相较于前几年动辄几千元的课程费用，如今许多优质课程仅需 99 元或 199 元，几乎每个人都能承受。这种变化在很大程度上激发了人们主动付费学习的热情，推动了付费学习的普及化和大众化。

知识付费帮人们打开了圈子，拓展了认知的边界。过去，人们可能只是在自己的专业领域里拥有学科性、体系性的知识；现在，人们则可以通过知识付费将跨学科的知识与专业知识相融合，认知需求可以更好地被放大。也就是说，一个人在某个领域达到一定的高度后，再想向上提升的话，就需要一些跨学科或跨认知的知识，它们可能会打破现有的知识体系和框架。

那么，我们应该如何更好地把握知识 IP 的现状与未来呢？

发挥自己的一技之长

有一技之长的人往往能拥有更多的机会。比如，身处教学一线的老师可以从传统的线下教学转到线上做知识付费，通过梳理个人系统的知识体系，更好地为自己赋能。

创客匠人的平台上有很多这种类型的知识博主。比如，精通游戏的人，可以教别人玩“王者荣耀”“和平精英”。我们平台上有几个销量特别好的“和平精英”课程，售价为 19.9 元、29.9 元。这些课程一个月能带来高达十几万元的销售额。此外，我们平台上还有擅长插花的老师，他们凭借一技之长，制作出的课程往往具有很强的体系性。这些课程不仅受到用户的热烈欢迎，也为老师带来了可观的收益。

打造 IP，从幕后走到台前

老师要想从幕后走到台前，做创始人 IP 是最优选。如果交给助理或者其他人做，这件事十有八九会失败。这种转型与二次创业相差不大，老师必须身先士卒，尤其是在企业规模不太大的情况下。

2023 年，我开始打造一个属于自己的 IP——老蒋创客圈，目前来看非常成功。我做创始人 IP，正是想给传统教育行业的老师打造模板，让他们知道，做 IP 没有想象中那么困难。

我既然为他们提供服务，既然想帮他们做创始人 IP，就必须自己先做起来，让他们看到，创客匠人具备这样的能力和规模，可以为老师提供相应的服务。

我是做传统行业出身，也创建了自己的公司，和老师有很多共鸣。我和他们最大的不同就是，他们中的很多人都有在线下讲课的经历，我却没有。这就意味着这些老师的先天条件比我要好。他们有现成的知识体系，又有一二十年的教学经历，比我更有优势。我都能做好，他们一定也没问题。

虽然我不知道究竟应该怎么做，可我真切地相信，行动可以治愈一切焦虑，抵御一切不确定性。做创始人 IP，最需要解决的一个问题就是：先行动起来再说。

跟有结果的圈层“混”

从某种角度来说，做创始人 IP 其实是在破圈，是从传统走向现代。老师想要破局，身边全是传统教培行业的人，这肯定是不行的。没有新意识的碰撞，任何一个人都很难突破固有圈层。

想要有所改变，老师就要努力进入创始人 IP 的圈层，跟一些在新赛道里拿到结果的人产生更多的接触。

创客匠人有一个创客私董会，里面聚集着数千位拿到结果的创始人IP。这个圈子的竞争特别激烈，大家每天都在探讨或尝试知识付费的新玩法。只有进入这样的圈子，看到别人拿到的成绩，再反思自己哪里出了问题，老师才能更快地成长，更早地破圈。

互联网时代，信息十分透明。任何人想了解一个事物，只要愿意花心思钻研，最多半年时间就能获得成果。如果彻底失败，那只能说明他没进对圈子，或是没用心破圈。大多数人总是习惯于先看到后相信。破圈的意义，就是想方设法让自己先看到。

很多创始人觉得没必要打造自己的IP。实际上，不管你身处什么行业，打造创始人IP都有很重要的意义。

创始人IP可以撬动公司的品牌价值。传统公司在品牌建设上过度依赖广告投入，然而随着市场竞争加剧，广告效果和性价比逐渐降低。相比之下，将资源转向打造创始人IP，能够更精准地吸引目标受众，实现更高效的品牌推广和传播。这种策略不仅提高了品牌价值，同时也为企业节约了成本。

现在这个社会，不管是对内还是对外，大家都越来越需要感性的链接。创始人有足够的魅力，才能吸引同频的人，才能让员工更愿意在公司发挥自身的价值，才能让客户更愿意与公司合作。

对内，创始人IP传达的思想和理念是凝聚团队的最佳手段。特别是组织规模越来越大的企业，员工通过关注创始人IP，可以看到创始人的短视频、能够与创始人感同身受，在潜移默化中被影响。如此形成的内部员工的同频，是挂在公司墙上的规章制度无法比拟和替代的。

对外，创始人 IP 代表的是企业的价值观，是品牌的传播。创客匠人一直强调，要跟客户多接触。可是，如果客户只是单纯地与公司接触，只是纯粹的业务关系，这种链接是缺乏温度的。创始人 IP 恰恰可以弥补这个缺憾。

因此，我很想送给大家一句话：保持开放的心态，主动拥抱 IP 经济；未来所有行业，都值得用“创始人 IP+ 内容 + 直播 + 短视频”的形式重做一遍。

最后，大家不妨思考一下，IP 经济跟你的关联是什么？你能很好地进入哪些领域？

选好赛道，打造特色鲜明的个人 IP

我见过很多老师，他们在传统教育中做得很好，但进入知识 IP 时代后逐渐迷失了自己，跟不上时代的步伐。

传统教育行业的老师做 IP 面临的三类问题

传统教育行业的老师转型做线上，等同于二次创业，这一点毋庸置疑。在转型升级的过程中，他们会面临各种问题或困惑，但总体来看，主要有三类问题。

第一类，从哪里开始获取流量。

根据流量来源的特性，流量通常分为两类：一类是公域流量，一类是私域流量。

抖音、快手、视频号、小红书等各大内容平台提供的公共流量，是公域流量。公域流量就像大海，是泛流量，有条件的人都可以出海捕鱼。

私域是指某个人直接拥有的，可以重复、低成本甚至免费触达的场域，核心是围绕微信生态，面向公众号、微信、微信群、企业微信、小程序等跟某个人关系更强的用户以及对某个人有所了解的用户。它就像某个人拥有的私家鱼塘，可以低成本多次捕捞变现。但与此同时，鱼塘是需要维护经营的。

那么，先做公域流量，还是先做私域流量？

在私域里做直播，没有平台违禁词限制，灵活度会更高，也比较放松。一些老师做线下传统教育多年，有现成的用户和资源，很轻松就能找到第一批种子客户。所以，针对传统教培机构、线下教培老师选择哪种流量渠道，我倾向于推荐从私域开始做，这与他们能力的匹配度更高。

至于公域，它对 IP 老师的要求相对更高一些，不仅要求老师具备专业知识，还要求老师具备直播能力、表演能力以及对整个公域平台规则的了解和运营能力。想做好的话，IP 老师需要专业的运营团队，需要了解平台的各项规则，还需要对平台各项数据进行精准的分析。简单理解的话，就是出海打鱼，需要各种专业捕捞设备、专业人员以及对天气的精准把控，否则出海会有危险，得不偿失。

此外，公域平台本身是一个巨大的流量池。平台方拥有绝对话语权，所有参与者都相当于给它打工。平台方希望每一位 IP 内容参与者既要每天持续产出优质内容，又要保证相应在线时长。为此，IP 老师每天都得来上班，还得高质量地工作，每天要直播 3~6 个小时。直播越久，内容越好，平台越喜欢，越会给 IP 老师推送流量。

因此，决定做公域之前，老师不妨先问问自己：我是否拥有专业做公域的各项能力？我能不能每天坚持直播 3 个小时以上？我能不能把一套稿子重复讲 100 遍、1000 遍、1 万遍？如果这些问题的答案都是肯定的，你就可以尝试去公域获取流量。

同时，请谨记一点，千万不要因为私域没有客户，就去公域找客户。公域和私域之间并没有必然的联系，私域没有流量，公域不是唯一的解决途径。

在公域获取流量，老师可能要倾囊而出，要投入专业的团队，要花五六个月时间，要每天坚持直播 3 个小时以上，才有可能看到一些结果。

如果选择做私域，花费同样多的时间和精力，想方设法通过公益讲座、连麦互推、资源互换等方式获取第一批种子客户，老师的最终目标也是可以实现的。

在当前的数字化时代，公域流量池无疑是一个巨大的资源，也创造了许多令人瞩目的财富神话。正因为如此，人们对公域流量抱有巨大的期望。然而，越是如此，我们越需要理性地思考公域流量与自身的关系，明确这些流量属于公域，而不是属于个人或特定 IP。许多 IP 老师在未能充分思考这一问题的情况下，盲目投入大量金钱和精力进入公域，结果往往是几年努力付诸东流。因此，在追求公域流量之前，深入思考和明确自身定位至关重要。

在这里，我想送给大家一句话：公域发传单、私域做经营；把公域当变现平台，战略会越来越模糊；把公域当广场，引流到私域变现，战略会越来越清晰。

第二类，不知道自己适合讲什么课。

怎样把线下课程转移到线上？线下与线上课程表达方式的区别是什么？实操性强的课程，如瑜伽、针灸、芳疗等，应当如何设计线上课程？如何做减法，从诸多课程中做出一门真正的爆品课？

刚开始转型做线上知识付费时，很多老师都会面临课程的困局。要破这个局，其实很简单，就是以终为始，利用第一性原理来梳理定位。老师的定位要清晰，无论设计什么样的课程，都先问问自己：我能帮助哪些人群解决哪些问题（痛点）？我能呈现出怎样一种美好状态（快乐）？我能通过哪些课程或价值主张来实现？

总结为一个定位公式，即：我能帮助 ×× 人群，解决 ×× 问题，让 ××（呈现的美好状态），并由此推出自己的产品矩阵：产品 A+ 产品 B+ 产品 C+ …… + 产品 N。

比如，创客匠人的定位是：帮助老师做好知识变现，解决拓客增长等问题，让知识创造价值，让好老师走进千万家。我们的客户群体是老师和知识 IP，他们的核心痛点是知识变现、拓客增长等。那么，我们如何帮助他们消除核心痛点？能为他们提供什么产品？价值主张是什么？

2016—2019 年，创客匠人开发出第一个产品——知识付费拓客系统 SaaS，这是一套自动化线上营销工具。那时，要做线上知识付费，最匮乏的就是优质营销工具和模式。拥有一套优质营销工具是知识 IP 的核心需求。

在开发出该产品后，我们注意到一些老师对互联网技术相对陌生，对于如何逐步利用工具实现线上转型甚为困惑，比如如何定位、如何设计线上爆品课、如何设计商业模式、如何获取流量、如何做转化，等等。

2020 年，创客匠人推出了第二个产品——IP 私域变现起势 5Z 方法论。这是一套转型线上后可快速看到结果的方法论，也是我们团队总结了数万名知识 IP 的运营经验后，提炼出来的行之有效并可复制的方法论。它就像游泳教练手把手教人学游泳一样，第一步做什么，第二步做什么，第三步做什么，有一套完整的方法。也就是说，到 2020 年，创客有两个核心产品，一个是 SaaS 软件，另一个是 IP 私域变现起势 5Z 方法论。

2022 年，创客匠人推出第三个产品——一对一陪跑服务，等同于给知识 IP 配备一个运营教练，手把手带他们做线上运营。大到定位、模式、营销链路设计，小到直播间选型、搭建、背景贴图、社群运营等，运营教练与知识 IP 形成一个团队，优势互补。这源于 2020 年后，大量知识 IP 涌到线上，线上竞争越来越激烈，越来越需要专业运营能力。

2023 年底，创客匠人计划推出创客联盟、创客私董会，联结线上有所成就的优秀老师，共同做孵化及陪跑服务。创客匠人开始对外开放，从内部体系转型到整合整个知识付费行业利益相关者，一同促进整个知识付费行业生态健康发展。

创客匠人所做的这一切，都是以终为始。从客户的需求反推，在帮他们解决问题的过程中，不断推出我们的产品。因此，创客匠人 = 知识付费拓客系统 SaaS + IP 私域变现起势 5Z 方法论 + 陪跑服务 + 创客私董会。

总之，不知道如何设计线上课程时，大家不妨以终为始，在逐步倒推的过程中找到适合自己的领域，打造自己的产品。

第三类，不知道自己行不行，缺乏信心。

先相信后拥有。面对未知的领域和新的机会，很多人都会对自己有所怀疑：不会做直播、没有线上经验、没有运营团队，到底行不行？

这种情况非常普遍。想要破解，其实很简单：先进入这个新的圈子。比如，不确定自己的能力是不是可以做知识付费，你可以先到创客匠人平台来。创客匠人服务了几万家客户，有很多成功案例。到这个平台上，成功的概率比独自摸索要高很多。与创客匠人合作过的老师，都相信自己能做得很好。

你是谁并不重要，重要的是，你想成为谁，就要和谁在一起。知道自己的短板，就要向专业人士对齐。

例如，我们团队起初在拍摄方面能力有限，便聘请了外部专业团队。当我考虑写书但不知如何开始时，就找到了书香学舍并与其展开合作。

他们在各自的领域里有很多的积累，也有很丰富的经验。在与他们合作的过程中，我的各项能力也在一定程度上得到了提升。慢慢地，我发现，我可以，我能行。

选择赛道时，需要避开哪些陷阱

在打造个人 IP 的过程中，我意识到，即使解决了个人困扰，老师在选择赛道时仍可能陷入一些常见的陷阱。

第一个陷阱：盯着自己能做的，而不是围绕客户需求做。

有些老师会有疑惑：做线下时自己的业绩明明很好，甚至可以讲十门、二十门课，可是转型到线上之后，却总也做不好。

这个疑惑的背后，其实是老师在线下形成的惯性思维。在线下做了那么多年，他们已经习惯于关注自己想讲什么，能做什么，而不在乎客户想听什么。

当然，他们并非有意为之，而是因为在传统的线下环境中，只要课程讲得好，往往能够吸引大量的客户。转型线上之后，他们会习惯性地将线下授课的方式直接迁移到线上来。

他们没有意识到，线下和线上是不同的。线上需要围绕客户需求做，只有以终为始，才能得到客户的认可。

第二个陷阱：盲目地追风口，什么火就干什么。

有些老师看到其他人在某个赛道挣了钱，就觉得自己也能行。比如，人工智能受追捧，他们就做人工智能课程；元宇宙火了，他们就做元宇宙课程；ChatGPT 出现了，他们就做一门跟它相关的课程……

单就迭代速度来说，我很佩服这样的老师。可是，风口来得快，去得可能也很快。在半年或一年的时间里，在还没有经过验证的情况下，就去做这门课程，不仅很可能误人子弟，还有损于个人品牌的长期价值。

想把课程做好，就必须有所沉淀。在一个行业中，通过追风口，借助营销，一年或许可以赚到几百万元。但想要赚到一亿元，那就一定要在行业内深耕多年，高度聚焦。

因此，风口来临的时候，老师不应该追求表层新事物，为了追风而追风，而应该认真思考如何将新事物与之前自己所做的事有效结合起来。

第三个陷阱：没有全情投入，想外包给别人。

创客匠人平台上的一些老师，每天都很忙碌，又有惯性思维，喜欢待在舒适圈里。他们不会全情地参与和投入，总想把做 IP 外包给别人，或者交给其他的团队，这其实是一个很大的误区。看上去，他们似乎是自己做，实则是把主动权交给了别人。这对做 IP 有百害而无一利。

要想避免这种误区，老师一定要有定见，要很重视这件事，这样别人才能有的放矢地提供帮助。创始人打造个人 IP，一定要从幕后走到台前，亲身参与，主动变革。

如何选择一个适合自己的赛道

了解了选择赛道时常见的陷阱之后，接下来的问题是：具体应该怎么做，才能选到一个适合自己的赛道呢？对此，我想给大家几点建议。

第一点，在能力边界内选择赛道。

每个人的起点不一样，原点也不一样，但都有一个撬动自己的点。

只有这样，整个社会才会缤纷多彩。比如，有的人喜欢当老师；有的人，像埃隆·马斯克，想移民火星；还有的人想改变世界。

这个世界有很多长期正确的事，但并不是所有的事都适合你去做。那些你能做、喜欢做、让你有心流体验的事，才是真正适合你的。

选择赛道也是同样的道理。每个人都有能力边界，如果不清楚现在的赛道是不是适合自己，你不妨问问自己，是自己的能力不足、不适合做，还是根本不喜欢这个赛道，或者是这个赛道不具备社会价值或客户价值。

如果这个赛道不具备社会价值或客户价值，做的事又损人不利己，一定不要参与其中。

如果是自己的能力不足，那你就要努力提升能力。如果是不喜欢，或者有更好的选择，你当然也可以更换赛道。

第二点，把握现在，活在当下。

在确定自己适合什么赛道的时候，很多人都会出于功利去考虑。我刚毕业时也是这样，总是以功利的标准不断地寻找自己的方向。

后来我才逐渐发现，功利性并不是判断赛道的最佳标准。自己热爱的事，才是正确的事，才是该做的事，才有可能坚持长期做下去。

找到自己热爱的事是最好的。但是，这并非一蹴而就的。有时候，热爱是在做事中慢慢找到的。因此，与其追着功利跑，不如把当下的事做好。看不清未来，就把握好现在，活在当下。

第三点，改变不了环境，就改变自己。

一家公司如果能连续运营三五年、十来年，或者其集体价值观没有太大问题，那么其所处的赛道就不存在什么大问题。这种情况下，要做的就是坚守，持续做下去。

当然，有些时候，也可能是赛道不对，整个行业前景都堪忧。如果确实改变不了环境，你完全可以改变自己。

我刚大学毕业的时候在工厂上班。我不喜欢工厂的环境，很渴望改变。当时，我只有两个选择，要么改变环境，要么被环境改变。现实情况是，同事们年龄都比较大，让他们跟我保持同频是很难的。也就是说，我改变不了环境。我只有从工厂离开，走向一个更广阔的空间。

创业之后，我也面临过这样的困境。2012—2015 年，我们团队拓展了很多项目，其中一些项目，平台方着实不给力。我们改变不了他们，只能改变自己。我们团队采取的具体措施是，更换合作方。这种改变虽然很被动，但对公司的发展有利，就是一种好的改变。

当然，个人能量积累到一定程度，或者整个大环境确实很差的时候，个人也有可能改变环境。比如稻盛和夫先生，他就会主动尝试改变环境，这使得他可以不断地影响身边的人，持续得到好的结果。这是一种更高级的方式。

很多事情在正向思考百思不得其解时，不妨逆向思考，再有就是要问为什么——为什么要做这件事？做这件事，到底要解决什么问题？到底能给别人提供什么帮助？这样思考之后，思维的广度就会有所拓宽。

总之，选择赛道的时候，请记住一句话：一定要盯着当下做的事，关注服务的这群人，看清他们的核心需求。

最后，大家不妨问问自己：我能帮助哪些人群？能解决什么问题？

打磨独一无二的产品

做知识 IP，选对赛道很重要，打造自己的产品同样很重要。迄今为止，我们公司打造的产品中，最让我满意的，当属创客匠人平台这个产品。

我觉得一个好的产品，应该具备以下几个特质：

第一个，极高的社会价值。

一个好的产品应该能帮助很多人，而不是只对某个人有帮助。而且，它可以让一群人共同去帮助很多人。

比如，创客匠人孵化老师，教老师怎样传播知识、得到结果。到今天，创客匠人已经孵化出数万名老师。按照一名老师影响一万人的设想来计算，我们已经影响了数亿用户。只要想象一下，我就觉得这样很酷，很有意义。

这个标准适用于绝大多数产品，课程产品也一样。打造课程产品时，一定要认真思考，这门课程是在传播正能量还是负能量？它对社会的价值、意义在哪里？

第二个，解决客户的需求和痛点时，有很清晰的路径。

相对来说，创客匠人设计的产品，无论是产品布局，还是产品形态，我都比较满意。创客匠人并不是单纯地为老师提供一套系统或工具，而是为老师提供实实在在的价值，提供打造知识 IP 一站式解决方案。只要老师按照我们的方法论一步步去践行，大概率都能取得成果。即便失败了，我们团队也可以复盘出哪里没做好，帮助老师不断进行优化。

在探索路径的这个过程中，我们团队其实耗费了很多时间和精力。

最初，创客匠人只提供知识店铺 SaaS 软件。我们发现有的老师能用得很好，IP 做得很成功，而有的老师做的效果却有限。很多人会问，为什么会出现这种情况？说实话，一开始我们团队心里也没底，不知道是为什么。

但是，一旦确定了路径，我们团队就会深入思考：这些做不起来的老师与做得好的老师差别在哪里？做线上知识 IP 到底有没有可复制的方法、步骤？

设定了明确的目标后，我们团队就开始有针对性地开展工作，准确识别出老师在执行过程中出现的问题。随后，团队会提供系统的指导，帮助老师改进并逐步提升能力，直至达成预期效果。这些经验逐渐演变出一套成熟的方法论——IP 私域变现起势 5Z 方法论，从定位、产品、模式、流量、营销五大维度，带领一个知识 IP 初学者从 0 到 1 快速拿到结果。

一个好的产品在帮助客户解决需求和痛点时，一定要有清晰的路径，让客户可以循法而行，这会提升他们的整体效率。

第三个，具备可复制性。

一个产品如果不可复制，只有少数人可以使用和掌握，那么它的发展空间必然受限，很难对更多人产生影响。

比如，很多做一对一咨询的公司，他们的产品是复制不了的。一个咨询师再厉害，一天最多接待一两个客户，因为这是他的时间和精力的极限。公司想要发展，业务想要扩大，就要吸引更多咨询师加入进来，而咨询师本身很难管理，这就是不可复制性给公司发展带来的阻碍。

一个好的产品一定可以批量复制，才能在更广泛的领域里为更多客户提供帮助，才能更高效地让公司壮大。

那么，具体来说，应该如何设计好的产品呢？

先做爆品，再做产品线

一个公司可能有一系列产品，但产品的设计和打造一定不是全面铺开的。一开始，公司要做的是一个可复制的、高价值的爆品。有了爆品之后，再逐渐延展产品线，形成公司的产品体系。

根据经验，设计爆品通常要遵循三个原则：

第一个原则，好卖。

“好卖”这两个字，从字面意思上很容易理解。那么，到底什么样的产品才好卖？当然是性价比高的产品。我们经常说，营销要先从产品设计及产品定价开始。在设计产品的时候，价值点一定要高，价格一定要合适。假设某个产品，客户只花了 100 元购买，却得到了 1 万元甚至

10 万元的价值，那么这个产品自然会受欢迎，成为爆品。

第二个原则，好转，具备传播和转化的效应。

产品购买是第一步，客户在体验产品后的复购及推荐才是爆品的核心。一个产品只有在售出后源源不断地带来新客户，带来后端高客单产品的转化，才能在更大的群体内传播，才能成为真正的爆品。

第三个原则，好交付，要有批量复制的特性。

一个产品如果只能为极少数人提供价值，一旦客户增加到上百个，服务就可能面临瘫痪，那么它一定无法引爆。反过来说，如果一个产品好交付、轻交付，或者成本比较低，可以批量复制，那它就可以为更多客户提供价值，或是为客户提供更好的服务，进而吸引更多客户，逐渐形成爆款趋势。

说到这里，很多人可能会有一个疑问：又好卖、又能转化为后端高客单产品、又能轻交付的产品真的存在吗？

答案是肯定的，一定有这样的产品。比如，直播加上连麦答疑、解决问题这种形式的产品，就是一种好卖、好转，又能轻交付的产品。而且，这种形式可以应用于很多行业。

有位做芳疗的老师，她想把自己的业务迁移到线上。可是，芳疗本身是个手工活儿，如何设计出爆品呢？

我们团队给她的建议是，一周直播三次，每次直播都和学员讲自己的课程，讲怎么使用芳疗、怎么使用精油，讲女性怎么变美、怎么保养、怎么缓解焦虑的心情……并且，在直播的时候，她要和客户连麦，与客户零距离互动。比如，客户有失眠问题，情绪不佳，她可以花五分钟帮客户做疏导，给客户一些建议。

这样，她就从卖课程变成了卖咨询、卖服务。也就是说，客户花几百块钱买一个课程，相当于“买”了一个芳疗专家，为自己服务一整年。这个价值点被无限放大了。

我们团队为这位老师设计的产品，既是一个高价值的产品，又是一个能实现后端转化的产品。她和客户连麦的过程，就是一个转化的过程。

现在，我们团队为很多老师做设计，采用的都是这种思路。直播加连麦，再加上社群服务，就会逐渐形成爆品。

注重参与感，与客户共创产品

按照小米公司的思维，这个设计重点叫作参与感。一个好的产品，一定要让客户参与进来，让他们有参与感。尤其是知识产品，能跟客户进行共创，这是非常重要的。

我们经常说，再厉害的产品，都要有定期与客户沟通的环节。创客匠人每周都和客户连麦，做标杆对话，很重要的原因就是让客户参与进来。让大家有参与感，一起进行知识共创，这一点很重要。

根据客户需求，逐步迭代

客户对产品的需求是逐步迭代的。我们打造产品，也要随着客户的需求逐步迭代，而不能做大而全的产品。

创客匠人就是这样一步步打造出引流品、变现品、高端变现品、形象品、渠道品等产品，最终形成了现有的产品矩阵。我们还梳理出一套工具——产品矩阵表，借此帮助客户构建自己的产品体系。

产品矩阵表

产品	内容
引流品	免费课程 + 公益直播
变现品	专栏 + 训练营 + 在线咨询
高端变现品	线下课 + 私董会
形象品	百万年度咨询陪跑
渠道品	合伙人加盟

创客匠人帮助老师的时候，会引导他们思考，做完定位后，再让他们按照产品矩阵表填写自己的产品。有的话，就填上；没有的话，就填上未来想做的产品。这就是他们的产品方向和框架。

按照正常流程，他们要先做一个爆品。做三个月到半年，连麦了几十位、上百位客户，他们自然就能发现客户的深度需求。这个时候，第二个产品可能就做出来了。持续一年，他们可能会打造出第三个、第四个产品……如此一来，产品就实现了逐步迭代。

关于产品的打磨，我很想送给大家一句话：多去思考客户要什么，少围绕自己现在在讲什么。

最后，大家不妨问自己两个问题：

第一，你到底在帮助什么人解决什么问题？

第二，试想一下，你有四款产品，a 产品代表爆品，b、c、d 产品分别代表其他高价值产品。你的 a、b、c、d 产品分别是什么？如果现在没有，你希望未来它们是什么？

发现长期正确的营销模式

打磨独一无二的产品是一个逐步进化的过程，老师需要逐步与客户建立深度链接。产品出现后，以什么样的营销模式去传播，也是一个需要认真思考的问题。

当前，知识产品的营销模式，大概可以归为两类：

第一类，零售模式。

这种模式是让用户帮老师推广，核心要素是课程产品质量好，有口碑，用户会主动传播。主动传播的一种情况是具有仪式感，用户觉得转发产品很酷，情绪价值驱动其主动传播；另一种情况是利益驱动，比如用户能通过转发推广得到积分或权益，这是一个自然而然的销售过程。

当然，这种模式有其自身的弊端，那就是它会遵循 1∶5 定律。简单理解，就是每一个用户能带来的新用户数量大概是五个。老师如果只用零售模式推广，半年后可能就推不动了。

其背后的核心原因是，用户花钱买课程，一定是以学习和提升为目的的，这是他们的首要目标。无论老师的刺激力度有多大，他们也不会放弃学习，帮老师做推广。并且，每个用户的资源相对有限，身边人的数量有限，无法持续裂变。

第二类，S2B2C 模式。

这种模式相对复杂一些，但并不是最近才出现的。在传统定义中，被称为加盟渠道模式。

S 是师者、老师，B 是商业、使者，也就是推广使者，C 指的是客户、学员。师者传道、授业、解惑，使者负责将师者的知识推广给更多学员。只要老师的发心足够纯粹，愿力足够大，他们自然而然地会吸引一群推广使者，一起帮他们做推广。

这群推广使者将老师的知识推广给 C 端学员。学员学完后，觉得有收获，会自动成为新的推广使者。部分推广使者和老师学习的时间长了，可能会变成该领域的专家，也可能会变成老师，一起传播该领域的知识。这就是 S2B2C 模式的精髓——正向和反向都能形成闭环。

我经常开玩笑说，几千年前，儒家鼻祖孔子先生用的就是这个模式。孔子先生有 72 个弟子，他们就相当于推广使者，周游列国，帮孔子推广儒家学说。这 72 个弟子中，一些有天分的又成了儒家的传道者，像孟子、荀子。

一个有梦想的人找到一群有同样梦想的人，通过知识赋能，一起去帮助更多的人，顺便成就伟大的事业，这就是 S2B2C 模式的发心。

我们团队以前总结过，一个适合做渠道营销的产品必须满足三个条件：第一，具有高价值；第二，易于传播；第三，成本相对低廉。

知识产品就很适合做渠道营销。都说知识无价，知识的高价值是显而易见的；不管是直播课，还是录播课，传播知识都很便捷；老师本身拥有知识，讲课的边际成本几乎为零。总的来说，知识产品确实很适合以 S2B2C 模式做营销。

更关键的是，每个老师都是独一无二的，都有自己的风格和优势，这就决定了他们在各自的领域都是极为稀缺的个体。这种模式则可以凸显产品的独特性和稀缺性，提升产品的正面影响力。

零售和 S2B2C 这两种营销模式各有千秋，我的建议是结合来做，最好二者兼具。知识付费行业的天花板——樊登读书（帆书），就是比较典型的零售与 S2B2C 并行的营销模式。

那么，怎样才能选择一个长期正确的营销模式呢？

创始人做事的发心

创始人做事的发心决定了整个事业的未来。创始人发心是“1”，产品、模式是“0”。有“1”，“0”才有意义。因此，创客匠人团队在带领老师做定位的过程中，一个很重要的环节就是做愿景、使命、价值观的梳理。即便老师的团队只有一两个人，创客匠人也会帮他梳理愿景、使命、价值观，因为这是“1”，是发心。

我们有一个厦门客户，做了六七年的中医培训、公益事业。去年，我们团队确定与他合作，但之后，他没有采取任何行动。团队成员询问他原因，他给出的答案是：以前做的是公益平台，突然做收费平台，而且要去推广，要发展自己的渠道，他觉得一直有一个门槛，迈不过去。

我们团队到他公司拜访了四五次，帮他梳理愿景、使命、发心。他做公益的发心，是要帮助别人。他希望越做越大，将公益事业发扬光大。问题是，做公益没有收入，愿意跟随他的人短时间内也许可以坚持下来，但大家毕竟要养家糊口，长时间投身其中，无论对谁都是一种艰巨的考验。正因如此，他才无法把自己的事业发扬光大。

在分析了其中的利害关系，并指出哪些人可能成为他的渠道商之后，他决定勇敢地尝试一下。令人惊喜的是，推广活动取得了巨大的成功，第一场活动就完成了近七位数的业绩。

他当时就给我发信息，表达他的谢意。

我当然知道，他的成功并非偶然。我一直强调，思考渠道的问题，不单单是思考怎么做渠道，更重要的是思考你的发心。而且，要把几个问题串联起来思考。

无论做什么，都要先找到发心，做好定位。否则，后续的一切动作都可能偏离轨道。

一套有效的渠道商管理体制

在建立起自己的渠道后，我们还要对渠道商进行有效管理。那么，我们怎样才能更好地管理知识付费渠道商呢？

目前，知识付费渠道商的管理方式有两种：

第一种方式是线上社群管理，建立渠道商微信群，搭建好每个群的组织架构，让每个群自发管理、自行运转。比如，将一个有200个人的群分成10个小组，每个小组选出一个组长，再选出这个群的群主。这样一来，这个群的组织架构就是群主—组长—组员。群主负责管理组长，组长负责每天编辑营销文案及督促、管理组员，组员负责每天转发文案邀约，老师只要培育好群主和组长，这个组织就可以顺利运转起来。

第二种方式是通过每个月定期线下渠道商闭门会对渠道商进行培训管理，这是当下比较高效的管理方式。比如，每个月针对渠道商开三天闭门会，会上除了教授专业知识，还可以组织营销大赛，带领渠道商现场模拟营销推广并取得成果。

现在，一些老师不仅与渠道商合作，还把他们培养成了高水平的弟子和“传道者”。这样的老师层次更高。邀请大家一起做一件事情，这是更高维的思考模式。

围绕核心需求，寻找合适的工具

2021 年后，不管是做知识服务，还是做管理，我都很看重工具。因为我深刻感受到，工具确实对提高效能有很大的帮助。很多我们做不到或者无法形成体系的事情，工具都能替我们做到。

没有工具，一个人做事就会依赖个人经验，而且成效会随着心情变化而变化。今天能做好的事情，过一段时间可能就做不好。

工具的价值是把实战中的一些经验和方法标准化、流程化、系统化。如今，工具的更新和迭代速度都在不断加快。那么，我们应该用何种心态看待工具的发展呢？

要有善用工具的意识

如今，信息极为发达，了解一种事物的方式可谓多种多样。

比如，我们可以对标业绩好的同行，看看他们使用什么工具来提高效能，看看他们的课程体系是什么样的。这也许会为我们带来很多启发和思路。这并非提倡抄袭，而是这些方法的确值得借鉴。

我给大家推荐几种常用工具，供大家参考。

第一种，作图工具。

线上店铺、课程界面、图片海报……这些都需要通过视觉来传达，都可以通过作图工具来完成。

早期，我们团队发现线上店铺装修是老师的一大痛点。很多老师的店铺没有装修，很不美观。我们招了设计师，随着业务的扩大，设计团队的人越来越多。每个人的审美不一样，难免在装修的过程中出现分歧。

于是，我们团队转换思路，要求技术人员找一些便捷的、傻瓜式的作图工具。几经挑选后，我们终于找到了一些常用的作图工具。

目前，有许多便捷的第三方作图工具可供选择。这些工具针对不同的行业进行细分，例如家庭教育行业、身心灵行业等，并拥有具有数十万张图片的图片库。用户只需输入文字，贴上 LOGO（商标），作图工具便能自动生成符合需求的图片，极大地简化了图片制作的过程。

尽管如此，创客匠人依然保留了设计师。借助工具，设计师的效率会提高很多。如果老师要做家庭教育，设计师会在作图工具里筛选适合他们个人风格的装修形式。老师确定好风格后，设计师帮他们做，或者教他们做。如此一来，老师的线上店铺越做越漂亮，也更愿意自己试着做设计。

第二种，剪辑工具。

做课程，剪辑是最基本的技能，包括配字幕等，都是可以掌握的技巧。创客匠人内部有比较简单的剪辑工具，但是如果想做深度的剪辑工作，我还是建议用外部工具。

第三种，思维导图工具。

要梳理老师的课程体系，用思维导图是很好的选择，梳理出的内容更有框架性。知识经验的框架性梳理，一定是先有一级框架，才有二级框架，然后才有内容细节。

思维导图工具能帮老师更好地梳理课程框架。一方面，老师可以借助它提效；另一方面，老师可以用它来挖掘客户需求、设计产品形态。

创客匠人团队做内部管理时就会用思维导图工具，它比 PPT（演示文稿制作软件）更方便。只要做出一张图，一切都一目了然。

第四种，数据分析工具。

创客匠人团队开发了很多供老师做数据分析的工具。比如，哪个课程的销量最高；一场直播开始两小时后，观看时长超过一小时的有多少人；哪个课程的转化率很高；哪个课程的转化率很低；哪些客户比较活跃；等等。

创客匠人可以帮助老师用数据分析工具分析出产品的优化方向，以便更好地进行营销活动。

围绕核心需求找工具

选择工具有一点很重要，就是不要为了用工具而用工具。一定是有了核心需求，再想办法去找工具。

我经常在公司内部讲，如果一个问题耗费了团队的大量时间，而且大家总在这个问题上重复犯错，那就要认真考虑一下，市面上有没有工具可以解决这个问题。

比如，创客匠人每个季度都做绩效考核，耗费了大量时间，效果却不好。团队就要思考，市面上有没有专门做绩效协同的工具。

过去，创客匠人大多用档案袋管理员工资料。后来，我们发现使用线上人事管理系统，员工管理工作会变得很轻松。每个部门负责人都可以在这个系统里看到他手下所有员工的档案，员工何时入职、入职申请表是怎样填的、绩效面谈了几次、加薪了几次、绩效打分情况如何……只要进入人事管理系统，想了解的一切信息都尽在眼前。

以前，某个员工晋升，要填申请、面谈、调档案，很多部门负责人难免觉得烦琐，不愿与员工面谈。即便与员工面谈了，也可能没有记录。有了线上人事管理系统后，每次面谈都会形成记录。如果想看员工的晋升路线，部门负责人只要打开人事管理系统，就能看到所有信息。即便过了一二十年，这些记录也不会丢失。

人事管理系统确实非常有用。但是，如果公司只有五六个人，大家的接触很频繁，对彼此都很熟悉，用这个系统就有些浪费资源，因为没有太大的必要。当然，如果愿意花钱提升效能，自然也没关系，按需选择即可。

趋势与需求相结合

随着社会和科学技术的发展，各种新工具层出不穷。新的趋势下，新兴工具让人目不暇接，给人带来了不少选择上的困扰。

面对各种新的工具，大家依然要以自己的需求为主。那些真正对自己有帮助的工具，才是你应该选择的。

第一，ChatGPT 工具很高效，要善用它的功能。

ChatGPT 比较理性，思考问题十分全面，搭建框架不存在大的问题。如果一个人想借助 ChatGPT 研发课程，只要提供几个关键词，它就能搭建起一个系统框架。

但是，我并不建议大家直接照搬它的思路，可以将它作借鉴之用。就像做家庭教育课程，老师要和很多家庭教育界的权威人士沟通，从他们那里获取信息。ChatGPT 的功用只是给老师反馈，提供思路。如果直接用它生产课程，内容可能与最初设想的千差万别，老师可能难以自洽。

不久的将来，ChatGPT 可能是必备工具，但以目前的发展现状，我们只能善用它的部分功能。它的确具备自我迭代的能力，可是想要拥有理想的数据模型，尚需一些时间。

第二，未来的教育行业，元宇宙是比较向好的。

元宇宙这个概念已经出现了很长一段时间，只不过一直没有发展起来。ChatGPT 的出现，对元宇宙的发展起到了很大的推动作用。

很多人看电影，要看 4D、5D，为的就是身临其境的体验感。未来，我相信这种体验感还会逐步增强。延展到教育行业的话，未来的某一天，大家也许不需要在线下参加千人大会，只要戴副眼镜，就可以在线上获得亲临现场的体验感。

工具的发展速度持续加快，让很多人不由得担心自己会被工具替代。就此，我想送给大家一句话：很多时候，打败你的从来不是工具，而是那些善用工具的人。

最后，大家不妨想一下，在你所做的事情中，重复劳动、重复犯错的有哪些？它们有没有可能被工具替代？

3

第三章

从 0 到 1 创业，坚守长期正确的初心

好的企业家、好的创业者一定有一颗强大的内心。很多时候，一个人所经营的事业，是通过内心的能量吸引更多的人一起完成。

▶ 让自己变得更优秀，你就会遇见更多更优秀的人才。

▶ 创始人一定要自洽。创始人可以博采众长，但是一定要有判断力和执行力。

▶ 90% 以上的陷阱都是常识，要尊重常识。对于创业中遇到的很多问题，事后你只要静下来思考一下，就会发现其实是可以避免的。

▶ 创业之路是一条漫长的道路，中间会出现很多岔路口。有时候，一条路走不通，也许换一条路就能发现新的机会。

▶ 对于初创企业的转型，最重要的决定因素是核心创始人的认知；你的认知如果在高处，很多时候转型就是个伪命题。

找对合伙人，更好地助力事业发展

初次创业时，合伙人之间的能力、价值观不匹配是常见的，也是每个创业者都可能遇到的困局。

究其原因，主要有两点。首先，创业伊始，创始人的认知尚浅，踩中创业的陷阱在所难免。其次，创始人实力不够，无法吸引能力强大的合伙人。

我第一次创业时三个人合伙，大家都是做运营出身。我持有 34% 的股份，另外两个合伙人各自持有 33% 的股份。大家持有的股份几乎一样，能力、模型也基本相同。结果，仅仅经营半年，公司就难以为继了。原因何在？因为每个人都想当老大，谁也不服谁，意见常常难以统一。

随着经历的逐渐丰富，我发现很多创业者和当初的我一样，并不清楚自己究竟想找一个什么样的合伙人。而且，很多创业者都是在与合伙人合作了一段时间之后，才发现合伙人并不是自己想要寻找的合伙人类型。

2015 年，我在杭州创业，计划开发一个创业者线上学习平台。但我不懂技术，只好与别人合作。没想到，我前后找了 3 家技术公司，花了近 100 万元，依然没能开发出让自己满意的平台。

当时，我有做产品的朋友，人在厦门，我邀请他成为合伙人，可他以我们的性格相似为由拒绝了我，同时表示可以为我物色一个优秀的产品经理。

有一天，他打电话告诉我："老蒋，我帮你找到一个非常厉害的产品经理，技术水平比我高，薪资要求合理，为人也十分踏实。只不过，他要一个月之后才能离职。你愿不愿意预付他几千元定金？"

我丝毫没有犹豫，直接预付了 3000 元定金。大约一个月后，他结束了上一份工作。我专程飞到厦门，约他吃了一顿饭，给他讲愿景、讲梦想。他立刻被深深地吸引了，高兴地加入了公司。和公司一道成长的数年中，他锐意进取，现在已经成了公司的股东。

这段等待合伙人的经历，给我最大的启发有三点：

第一点，选择合伙人，有面试或朋友介绍等多种途径。

选择合伙人，并非一开始就以合伙人的标准去衡量对方，或是希望一下子找到理想的股东，而是要多管齐下，通过多种渠道寻找合适的人。

比如，通过面试发现一个优秀人才，你可以与他一起工作一段时间，再逐步让他成为合伙人。从求职者变成股东、合伙人，他的幸福感会更强，会更加珍惜这份工作。

第二点，看好一个人的话，一定要做前期投入。

有能力的合伙人是不缺市场的。一旦看好一个人，你就要做一些前期投入。此外，你没必要要求他立刻加入公司，也不要期待他合伙后能立即给公司带来巨大改变。

比如，我在找合伙人的时候，提前给对方付定金，就属于前期投入。我的行为说明了我对他的信任和看重。这样，对方一旦来到公司，就会很努力地工作。

第三点，遇到矛盾时，多见面沟通。

工作过程中，合伙人之间难免会有吵得不可开交的情况，毕竟每个人都对自己充满信心，坚信自己掌握着真理。

比如，我的性格比较急，当客户有需求的时候，我往往希望产品经理马上去匹配客户需求。但是，站在产品和技术的角度看，做任何一个产品、一件事情，都是有时间周期的，要循序渐进，做好安排。在这种情况下，针对产品进度的问题，大家就会出现分歧。

出现分歧，甚至发生矛盾，这些都很正常，也没有想象中那么可怕。加强沟通，面对面把自己的观点讲清楚，问题就能迎刃而解。比如，一起吃顿饭、聊个天之后，对方可能就会拍着胸脯说“没问题，交给我来做”。这意味着彼此达成了共识，分歧解决了。

对于正在找合伙人的创业者，我有三点建议。

没有团队，自己先做起来

初次创业通常没有资源、经验，也没有人脉，你靠什么吸引别人？通常，只能靠自己先做起来。唐僧去西天取经，他不是把团队组建完才出发的，而是在路上不断收徒，一步步组成了团队。

当然，也有预先组建团队的创业者。他们多属于第二次、第三次创业，已经有成功案例，对自己的需求非常明确，资源非常丰富，资金实力也很雄厚，有条件先把核心阵容组建起来。

拥有物色优秀人才的思维

很多创业者都会陷入一个误区，觉得企业小，或者只有一个人，就不必找合伙人，靠自己单干就行。实际上，为了未来的发展，即便当下不招优秀人才，你也要有物色优秀人才的想法，不断去面试一些优秀人才。

比如，我团队里的一些高管和合伙人就是我持续给他们抛了三四年的橄榄枝之后，他们才决定加入公司的。公司近期新入职的一名员工，我辛苦联络了 6 年，他才决定加入。

物色优秀人才是一项长期的工程。创始人要学会社交，多为自己创造见面的机会，尤其是那些你认为有可能在未来给你助力的人，你一定要维护好和他们的关系，时不时请他们到公司坐一坐，和他们谈一谈梦想，给他们抛个橄榄枝。潜移默化之下，说不定哪一天，他们就会过来帮你。

能力要互补，价值观要一致

我第一次创业时，由于三个合伙人能力相近，难以达成一致意见，最终只好分道扬镳。

我从中得到的经验是，找合伙人，一定要找彼此能力互补、能各自发挥所长的人。比如，我擅长运营，对技术一窍不通，所以要找的是在技术上深耕多年的合伙人。

除了能力互补，合伙人之间的价值观也要一致。我在判断合伙人之间的价值观是否一致时，通常有两个标准。

第一个标准是，在我与对方讲某件事的时候，他的回应是否积极，兴趣是否强烈。回应积极、兴趣强烈的情况下，交流会更加顺畅，也更容易达成一致。

第二个标准是，对方和我谈合伙时，他是更关注创业这件事，还是更关注股权、薪资。好的合伙人一开始会问我愿景、使命是什么，为什么要做某件事。尤其是能力互补的合伙人，他可能更关心我在做什么，做的某件事有什么价值。虽然他不一定问得那么直接，但他的问题能表现出他想了解做某件事背后的价值和意义。

此外，我建议初创企业创始人在找合伙人时，不管采取哪种形式，有限合伙也好，其他形式也罢，创始人持有的股份至少要在60%以上，即要掌握话语权。这个非常重要。

对还在创业迷茫期的朋友，我想送给你们一句话：让自己变得更优秀，你就会遇见更多更优秀的人才。

最后，大家不妨思考一下，过去与别人合作时，你都遇到过哪些陷阱？

好的创业者，都是这么打造团队的

很多创业者在初次创业时都会深陷困惑，不知道该如何打造优秀的团队。对此，我有以下四个原则。

第一个原则，选人大于育人，后备人才工作是一把手工程。

对于初创企业来说，每一个入职的新人，CEO、创始人都要亲自筛选，并影响他。在创客匠人，这一点我做得还不错。

首先，到现在为止，公司主管级或储备干部级以上的员工招聘，我都亲自参与第二轮面试。

其次，建立人才库。我会把人才资料存在手机里，并且做好分类和标签。比如，那些我很需要但暂时没有加入公司的人才，我会在他们的资料上标“R”，并经常观察他们的动态，与他们互动。

现在，我已经把这个习惯教给了各部门负责人，让他们在手机上安装招聘软件，每天空闲时就去翻一翻简历，看看有没有合适的人才。

最后，定期做人才盘点。创客匠人现在有将近 300 名员工，很多人我都不认识。但是，这不会影响我对人才的盘点。我会要求部门负责人每个月用“271 原则”把他们团队里的人才筛出来，再用线上绩效系统进行考核。这样，人才盘点工作就变得很简单。

第二个原则，在打造团队的过程中，创始人的文化输出很重要。

初创企业的企业文化其实就是创始人的文化。创始人要做知识的萃取，整理出企业文化、愿景、使命、价值观等。哪怕只有两三个人，创始人也要把这些写出来。这对打造团队很有意义。

第三个原则，公司要有培训机制。

从 2012 年创业开始，我们几个创始人每个月都会花半天或一天时间，亲自主持复盘和培训会议。直到现在，创客匠人的管理团队偶尔也会做这件事，销售团队则是每个月持续做这件事。

现在，针对公司设定的目标，我每个季度会亲自带领所有非业务成员，即公司主干和管理人员做一次复盘和培训，业务团队则每个月都要做培训。一支强大的团队真的是设计和打造出来的，而不是莫名变强大的。

第四个原则，全员为客户创造价值。

以前，我们团队从服务端和技术端为客户创造价值；现在，我们团队从营销端为客户创造价值。我们把为客户创造价值的工作前置，比如，销售人员与客户合作，客户能否变强大是与他有关的。销售人员不是签完单，工作就结束了，他们还要做服务。

每个销售人员每个月可能只有三五个客户，一年总共只有三五十个客户，他可以关注到每个客户。但对客服人员来说，一个人要负责两三百个客户，他对客户的关注程度一定无法达到销售人员的关注程度。

从某种意义上说，销售人员对客户的关注对客服人员也是一种监督——如果客服人员的服务做得不好，销售人员一定会提出来。双方只有配合起来，才能为客户提供更好的服务。对这种企业文化的打造，我一直引以为豪，因为它对提升服务效果的作用的确非常显著。

自己的团队是否非常优秀，这是仁者见仁、智者见智的事情。但从团队管理经验来说，我对年轻创业者有几条建议。

找到管理团队的方法论

很多创业者或创始人会盲目自信，总觉得自己很厉害，什么都不做就能把团队管理得井井有条。有些书中将这种管理行为称为“无为而治”，混乱是最好的。比如，蒂姆·哈福德在《混乱》中写道，混乱不仅是一种工作方法，还代表坚持自我，拒绝平庸的心态。

公司业务高速增长的阶段，我特别认同这种观点。公司确实很混乱，几乎没有采取管理措施，业务照样增长。可是，当整个赛道处于平稳期，竞争越来越激烈的时候，我发现，业务增长一定要靠组织管理，一定要有方法论。

所有创业者都一定要相信，自己创业中遇到的所有问题，前辈创业者们都经历过，并且总结出了现成的解决方案和方法论。我们需要做的，就是找到最适合自己的方法论，并把它引入自己的团队。比如，

2021 年，创客匠人开始使用客户关系管理系统。它不仅有系统，还有方法论。结果证明，借鉴别人的经验，确实效率更高。

公司发展的不同阶段，管理所采用的方法论是不一样的。创始人对方法论的敏感度对团队成长非常重要。比如，公司规模尚小时，严格运用某种方法论管理，可能会起反作用，从而增加团队内耗。

50 人以内的公司，管理主要靠创始人的个人魅力。创始人可以多和员工交流、沟通，增进彼此的了解。在选人、用人方面，创始人要多参与、多作为。靠着情感联结，创始人基本能把管理工作做好。

50~100 人的公司，管理主要靠搭建并完善基础的管理体系，比如人力资源管理体系等。

100~200 人的公司，管理主要靠各种管理体系，并且需要进一步完善公司的管理体系。

200 人以上的公司，管理主要靠包括绩效管理、人力资源管理在内的管理体系。每一个细节、每一个环节都要形成一种管理理念，或者形成一套成熟的管理方式。

减少团队内耗，建设管理体系不是表面功夫

近几年，创客匠人从十几个员工发展到几百个员工。但是，公司管理体系的建设没有跟上公司的发展速度，因此在管理上遇到了许多瓶颈。

以前，我觉得公司的执行力很强，任何计划都能很快施行。2020 年后，公司各个环节的执行力逐渐变弱。比如，我有一个对客户很有价值

的想法亟待落地，公司有几百个员工，我竟然筛选不出一个合适的人去落实这个想法。

我发现，团队扩大之后，公司在组织和管理上存在很大问题，内耗很严重。比如，一个岗位本来只需要一个员工，却招了三四个人。臃肿的组织对各项工作都造成了负面影响。

于是，创客匠人痛定思痛，不但决定做绩效管理，还搭建了公司的人才储备体系以及更细致的工具管理体系。

员工做得好，奖励机制就会很完备且及时兑现；员工做得不好，绩效就会很差，薪资也会很低，甚至还可能被裁掉。公司绩效考核的依据就是“271 原则”，排名末位 10% 的员工，一部分会被优化，另一部分公司会做出调整。

把公司目标变成员工目标

一个好的团队，员工目标、团队目标和公司目标往往是一致的。具体来说，每个月都要有工作月报，每个人都要做绩效面谈。

以绩效面谈为例，定下团队目标和公司目标后，创客匠人会根据员工的成长阶段不断地引导员工。也就是说，管理层会将团队目标和公司目标传达给底层员工，看他们能否接受。这是一个达成共识的过程。

另一种方式是，在业务团队中做目标通晒。每个月月初，每个员工都要把当月业绩目标、奖惩措施、生活目标等写进文档，并发到公司群里。这样，大家就可以看到彼此的目标，互相监督。

每个月月初的前一两天，业务团队都会做目标通晒。这个目标通常还涉及 PK 机制，即自己想和谁 PK，就向对方发起邀请。PK 业务销售金额等内容，员工都要在文档里白纸黑字地写清楚。

待员工定下目标后，他的上级领导会审查他的目标。正常情况下，团队中所有个人目标相加，一定高于团队目标、组织目标，因为员工的目标、期望值通常会更高。目标一旦晒出来，相应的奖惩机制也就制定完成了。

我们经常说，带业务团队不是单纯地带团队出业绩，不能把员工当作赚钱的机器，而是要关注每个员工个人目标的实现情况以及员工的成长情况。当一个员工真正地感受到“我的上级领导对我的目标实现情况如此看重”时，他就会主动去完成目标。如此一来，团队目标、组织目标的实现，就是自然而然的事。

创客匠人有一个新加入的小伙伴，他写了一个员工目标，即当月要完成 8 万元的业绩，拿 1 万元的提成。他说他的弟弟一直在大山里，从没出过远门，他想等弟弟高考结束后，带他去西藏玩几天。

看到他的目标后，我的心灵为之一颤。我对他的领导说，从他的员工目标和希望得到的奖励中，我能看出他有很强烈的渴望。不仅是我，公司从上到下的每个人，看到他的目标后，都想帮他达成心愿，完成他的目标。

当一个员工能正面感受到上级领导对他的关注时，他可以反向推动他的领导——当他这个月做到 100 万元的业绩时，他的领导就可以晋升了。为了实现这一目标，领导即便自己多加班也在所不惜，这叫上下同欲。可见，确认各级目标并达成共识非常重要。

其他部门也一样。如果没有一个可量化的目标，员工就没办法明确自己的目标是什么。

员工往往都有组织目标，但他的个人目标可能更长远。他的个人目标可能不是以月为单位，而是以半年甚至一年为单位，比如在这个团队中，一年要做到什么位置，薪资达到什么程度。

无论员工的个人目标是什么，创客匠人都会关注他和他的目标。像非业务部门的员工，我们团队更多的是通过月报、季度报、半年报去关注他们的个人目标。

牢记使命，做全权负责人

创客匠人实行部门负责人制，有非常浓厚的企业文化，每一个部门都有自己的使命。

比如，客服部的使命，是帮助客户成功；品牌部的使命，是让品牌更有力量；营销部的使命，是快速帮助老师从线下转型线上；技术部的使命，是为客户提供最好用的产品。

在整体的大框架下，创客匠人让每个员工围绕自己的使命，做全权负责人。

比如，客户的使用体验不好，闹情绪时，客服部一定要承担 100% 的责任，“我向技术提需求，技术不配合我”之类的理由，都站不住脚。从某种程度上讲，技术部不配合工作，是因为客服部的协调工作没做到位。

如果客服部收到客户的投诉，除了过度承诺和虚假销售，其他也都属于客服部的问题。

客户投诉本身就要归集到客服部，客服人员如果把责任推到业务人员讲话比较夸张，或者技术人员的产品不行上，就属于工作失职。只要在自己的职责范围内出了问题，客服人员就要去协调，去反馈，去解决问题，这才叫全权负责人思维。

如果客服人员真的解决不了某个问题，就要向上反馈，由上级来决策。如果部门负责人接手处理，他就要站在公司的角度甚至更高的维度来看待这个问题。如此一来，很多问题可能就解决了。

关于打造团队，我想送给大家一句话：创始人一定要自洽。创始人可以博采众长，但是一定要有判断力和执行力。

最后，大家不妨思考一下，你比较喜欢哪一种公司文化？

创业公司需警惕的陷阱，你千万别踩

刚创业的公司进入一个陌生的行业，难免遇到一些困难。由于对行业了解不够，对形势判断有误，创业公司容易掉进一些陷阱，甚至因此面临灭顶之灾。

创业公司常遇到的陷阱主要分为以下七类：

第一类，盲目追风口。

很多创业公司容易盲目追风口，每一个风口都想抓住，每一个风口都想投资，比如股市很火，就想炒股。这就是盲目投资、盲目扩张，偏离了公司的核心业务，偏离了公司的核心价值观。

第二类，总想整合资源。

如果公司实力尚弱，或者资源积累还不够，就不适合整合资源。

我最怕听到初创企业的老板说“我要打造一个平台，我准备整合资源”。这就相当于他还没起步，就描绘了一幅很大的蓝图。遇到这样的老板，我基本上都会给他们泼冷水，因为他们的成功率通常很低。

那么，公司什么时候适合做资源整合呢？通常都是公司实力变强大后，此时资源往往会主动靠拢。

第三类，不注重现金流，盲目扩张。

部分创业公司不注重现金流，这可能源自投资人的压力，也可能源自行业属性，还有可能源自创始人常识的匮乏。

创始人需要保持求真务实的态度，避免被虚假繁荣所迷惑，比如数据增长可观、公司融资了几亿元甚至几十亿元……创始人应该对公司的现金流了如指掌：公司能不能产生正向的现金流？下一轮融资不成功的话，公司能持续运营多长时间？如果公司每个月亏损几千万元、几亿元，有没有足够的钱支持下去？

第四类，抱着投机主义。

创始人要想创业做公司，初心和实力都很重要。一旦抱着投机的心态做事，公司往往难有长久的发展。

比如，房地产行业本身属于高杠杆行业，但是房地产周期很长，在国家已经调控了很多轮的情况下，如果创始人仍然抱着投机主义，想着既然顺利度过了上一次调控期，这一次也能凭借高杠杆大赚一笔，那么公司就有可能出现危机。

第五类，合作方不靠谱。

刚开始创业时，创始人的判断力如果不够，就很可能遇到不靠谱的合作方。

比如，我前面说过的我们团队与家装平台合作的经历。尽管我们团队极为热情，执行力也非常强，但是没有考虑对方的核心能力以及对方做事是否靠谱，因而走了半年的弯路，亏损了一些资金。

第六类，被资本、投资人绑架。

很多创始人创业初期都想融资，觉得融到资金就是一种成功。

但是，融到资金之后，有些公司的资金链反而容易断裂。这是因为，投资人要求公司有业务数据、银行流水账单等，公司体量越大，越容易盲目扩张，进而带来更大的资金压力。

正常情况下，如果没有投资方的压力，创始人疯狂扩张的概率一般比较低。大多数融资后倒闭的初创公司，都是被资本或投资人绑架的。

第七类，用当下公司的增长预判未来。

很多创始人会根据当下判断未来，从而变得盲目乐观。创客匠人也一样。

新冠疫情暴发前的几年，创客匠人每年都在稳步增长，但 2020 年给了我当头一棒。它让我意识到，做企业不可控因素太多，任何一个变化都可能让营业额出现断崖式的下滑。

因此，创始人不能以当前的情况预判未来，尤其是特别顺利的时候。突然出现一起“黑天鹅”事件，或者自然环境、行业环境发生了变化，这些是永远无法预判的。

创始人一定不要只考虑当下的增长，而忽略未来的风险。

总的来说，创业公司难免会遇到一些陷阱，这都是正常的。创始人怕的不是踩到陷阱，而是踩进去之后不复盘，不知道如何从中吸取教训，让自己从陷阱中爬出来。

整理、记录，复盘记录

我有一个习惯：每踩到一个巨大的陷阱，都会在私密的 QQ 空间里记录、反思。记录之后，我会定期重读。特别是身处逆境的时候，看着踩过的陷阱，我会找到一种莫名的力量感。

我还有一个习惯：从 2007 年到现在，每年都会把工作、生活上的一些事情以年度总结的方式记在 QQ 空间。之后，我会回头看自己当初的生活目标是什么，工作目标是什么，以及当时定下的目标有没有实现。

结果，我发现，从 2007 年到现在，我定的目标基本都实现了。只不过当初我说的“我要 5 年实现”，变成了 8 年或 10 年才实现。

公司的核心团队可以将复盘内容整理成可供传播的文件。很多创始人失败之后，不太愿意或是不太好意思跟团队沟通，经验就变成了内耗。其实，一个创始人如果能把自己的经验、教训变成团队的收获，那么这段经历就是有价值的。

通过第三方视角来复盘

所谓“当局者迷，旁观者清”，很多人都善于发现别人的问题，对自己的问题却不敏感，或者视而不见。

在复盘的时候，创始人很可能看不到自己犯下的错误和存在的问题。如果条件允许，创始人可以在组织团建、培训的时候，请第三方一道复盘整个过程，这对企业很有帮助。

2021 年，创客匠人请外部人员做过这种复盘，效果出乎预料地好。他们用了一两天的时间，把公司的整条业务线重新进行了一次梳理和复盘，这对我们发现问题并解决问题是十分有帮助的。

注重提防陷阱

创业的这些年中，我们团队也遇到过不少陷阱。在不断复盘的过程中，我们找到了一些提防陷阱的方法。

1. 企业要有蓄水池

2015 年炒股时，我为自己的冲动付出了很大的代价。当时，企业银行账户上的流动资金只剩下几十万元，又有股东要求拆伙，公司处于濒临倒闭的窘境中。我的内心十分忐忑、慌张。

我是因为缺乏资金而面临困境，我的一个朋友则与我相反，他的公司获得了投资，但支出速度过快，导致业绩严重下滑。公司规模最大的时候有三四千人，现如今只剩下两三百人。

类似这样的情况，我不止一次看到过。从那以后，我就意识到，企业一定要有蓄水池，即有现金流，要稳扎稳打，要保证企业无论运营环境多差，即便不做经营，也能正常运营两三年。

2. 尊重常识

创业的人都很聪明，但在创业中犯下很多致命错误也不鲜见，其根源往往是忽略了一些常识性问题。比如，企业要有现金流、要活下来、不盲目扩张、要做自己能力边界以内的事情、不要跨行业做投资，做人要诚实……

为了警醒自己，我的微信签名的第一句话就是尊重常识、长期主义。我很清楚，常识性的问题最容易被人们忽略，这是人性的弱点之一。

有时，为了获取利益，我们可能会欺骗别人，这个过程中就有可能违背常识。比如，我骗他一次，可能多赚几万块钱，但这种事情做多了，未来的某一天，我一定会受到惩罚。

我时常告诫创客匠人的员工，一个人一旦赚到人生中的第一个、第二个 100 万元，就很容易变得盲目，很容易踩中陷阱。

我并非信口雌黄，而是有一句话给了我很深刻的领悟——所有的高峰，都是愚昧之峰。身处高峰的时候，人们很容易忘记自己是谁，觉得自己无所不能，认为自己能抓住一切好机会。在这样的心境下，一旦别人鼓吹某个项目好，你极有可能未经深思熟虑就盲目投资了。

因此，从某种意义上说，一个人踩的陷阱，往往是他在顺境时挖的。

3. 不求速度，稳定更重要

创业时期，努力活下来很重要，坚持做下去就能赢。对创业者来说，稳定很重要，不能过分追求速度。

有时候，企业发展要看机会，需要考虑天时、地利、人和。当这些因素积累到某个临界点，企业就有可能爆发出巨大的能量。如果还没到这个临界点，企业就过度消耗能力、资源，这对发展极为不利。

创客匠人 2015 年转型做产品，2016 年经历低谷期，2017 年开始上升，现在处于稳定期。在这个阶段，我们团队一直在做的，是在保证原有业务线稳定的前提下，找到一个更好的突破点。

我和我的团队成员说，2023—2025 年，我们的目标是求稳，而不是求增长。能保证每一年有一定的利润，保证公司不裁员，就已经非常优秀了。

我踩过很多创业陷阱，最想送给大家的一句话是：90% 以上的陷阱都是常识，要尊重常识。对于创业中遇到的很多问题，事后你只要静下心来思考一下，就会发现其实是可以避免的。

最后，大家不妨罗列一下自己踩过哪些陷阱，看看哪些是常识性的问题。对创业者来讲，要想避免踩到大陷阱，就要先看看自己都踩过哪些小陷阱。踩到大陷阱，往往都是从踩到小陷阱开始的。

在逆境中转危为安

有句话说，创业史都是血泪史。这样说或许有些夸张，但其中的艰苦和磨难，只有亲身经历过创业的人，才有深刻的体会。

我的创业历程中也有过一些至暗时刻。其中有两段经历，至今依然让我记忆犹新。

第一段经历是 2016 年 4 月，公司正处于转型期，业绩不佳，长期处于亏损状态，公司账户上资金有限，随时有可能面临破产。不承想，屋漏偏逢连夜雨，一个与我合伙 4 年的运营股东提出了离职。我们尝试着挽留了几次，最终没能达成一致。

他持有 40% 的股份，如果坚持拆伙，公司必须付给他一大笔钱。一旦如此，公司就要面临灭顶之灾。通过协商，我们把需要一次性支付给他的钱分成 3 期给他，这才给公司带来了喘息的机会。

第二段经历是 2016 年 10 月，技术大股东提出离职。此时，离运营股东拆伙仅仅半年时间，再出现一次拆伙的情况，员工内心必然更恐慌。短短时间，运营股东和技术股东先后离职，我如坐针毡，备受煎熬。之后的很长一段时间里，我需要亲自做招商、亲自推销产品，一系列的事情让我无暇兼顾所有，身心俱疲。

可是，即便如此，在每一次会议之前，我依然竭尽所能地调整好自己的状态。比如，我会洗一把脸，暗暗给自己加油鼓劲。

一度，我焦虑到了极点，几乎彻底丧失了斗志。我甚至想，只要有人愿意出 200 万元，我就把公司卖给他。我和太太沟通，告诉她公司的大致情况，也说明了我的想法。

听了我的想法，我太太并没有怪我。她是天生的乐天派，也知道我承受的巨大压力。她一次又一次地鼓励我，指出我身上的各种优点，告诉我“你行的”。她说：“你创业这么多年，从一开始的一无所有，到现在拥有这么大的团队，什么风浪没见过，你不是都带着我们挺过来了吗？现在无非走了两个股东，公司不是还有其他核心员工吗？你现在要做的，应该是稳住他们。立刻和他们沟通，把他们留住，公司就有重新崛起的希望。”

太太的话给了我很大的激励和动力，让我在濒临绝望的时候重新燃起了斗志。

当天晚上，我就把几个核心员工约到一起，吃了一顿饭。饭间，我问他们：“公司走了两个股东，你们怎么看？”有人回答：“老蒋，我们的能力没问题，你要相信我们。股东在不在，主要的工作也都是我们做的。”和他们聊完之后，我顿时有了信心，重新获得了力量。

当然，不是每个人都像我的这几个核心员工一样，对公司当时的前景充满信心。公司壮大之后，我曾问过其中一个股东，当时为什么选择跟公司一起走下去，他给出的答案是，他当时确实有过犹豫，只不过老婆刚生完孩子，出去找工作比较麻烦，所以只好再坚持一下。

现在想想，那真是一个困难和欣喜兼具的阶段。在那种情况下，任何人做出任何决定，我都能理解。而我要做的，就是重新把团队组建起来。

我打算提拔一个产品经理做技术团队的负责人，和他的沟通简直称得上简单粗暴："咱们是现在拆伙呢？还是你来带技术团队呢？"他知道公司的困境，也很直率地回应："好，我跟着公司一起干。"

尽管提拔的新人经验有限，但他们的能力毋庸置疑。在这样的大胆尝试中，公司顺利度过了那段比较黑暗的时期。

公司逐渐走上正轨之后，有两三个客户开始给我们投资。资金虽然有限，只有几万元、几十万元，但对处于低谷期的我们来说，绝对称得上雪中送炭。

经历了那两段至暗时刻之后，我学会了如何面对逆境。人在面对巨大的压力时，最重要的是调整自己的心态。我常用的调节方法有两个：

第一个，与团队核心人员及朋友沟通。

身处逆境时，我常常与企业和创客匠人体量相当的企业家朋友见个面、吃个饭、聊聊天，目的是进行更多的沟通。通过轻松愉快的沟通，我心中的压力自然得以释放。

如果你身边有一群跟你一样的创业者，大家价值观一致，又志趣相投，他们无疑是你创业路上的益友。我很庆幸，我身边就有这样的人。

第二个，做喜欢的运动。

除了聊天，我还喜欢通过运动解压。

我比较喜欢的运动是游泳、跑步。以前，我每周游三四次泳，定期要跑步。现在，尽管时间很紧张，运动依然是我生命中不可或缺的一部分。

很多人在身处逆境、状态低迷的时候，最常见的选择，是安安静静地“躺平”，什么都不做。可是，“躺平”带来的后果，只能是越躺越颓废。

我始终坚信，心情越是不好，越要出去运动。做做运动、出出汗，人的精气神会很不一样。生命在于运动，无论任何时候，都是至理名言。

即便身处至暗时刻，风险和机会依然是并存的。在逆境中，如何发现资源、调动资源、抓住机会，让公司转危为安呢？我给大家提供几个小方法。

越处于逆境，越要敢于相信别人

身处逆境时，很多创业者会陷入低迷，会不断自责，怀疑一切，他们不愿主动向人敞开心扉，更不愿寻求他人的帮助。

实际上，人越是状态低迷的时候，越要主动找团队和亲友沟通，越要主动寻求他们的帮助。团队和亲友是创业者最大的倚靠，他们不仅能力超群，还能竭尽全力地提供一切帮助。

一旦创业者愿意相信他们，给他们机会，他们就会给予意料之外的丰厚回报。因此，人越是身处逆境，就越要相信他人，越要寻求他人的帮助。

保持乐观，“上帝之手”会拉着你往前走

经营企业的人几乎都遇到过逆境。遭遇逆境，要告诉自己，这是普遍现象，所有创业者都会经历。保持乐观的心态，才不会被逆境吓倒。谁的心态更乐观，谁就能更快地走出来。一旦从逆境中走出，之后再遇到类似情况时，便不会再手足无措。

国家实施“双减”政策之后，一个市场规模近万亿元的赛道几乎在一夜之间就消失了。作为行业领头羊的新东方教育集团，受到了前所未有的冲击。身为创始人，俞敏洪并没有因此而变得意志消沉。他以乐观的心态看待这一突然的变故——把公司的桌椅捐出，员工工资如数发放。

然后，他带着集团进军抖音平台，做直播助农。经过一两年的摸索，他带着公司登上了一个新的高度。他的百折不挠，让我想到一句话——一个企业，只要创始人不放弃，这个企业永远倒不了。他体现的就是这样一种创业家精神。

好的企业家、好的创业者一定有一颗强大的内心，就像稻盛和夫说的“心力要强”。很多时候，一个人所经营的事业，是通过内心的能量吸引更多的人一起完成。如果这个人的内心很脆弱，那么他一定无法把企业经营好。

面对逆境时，如果能保持乐观、不放弃的心态，往往会有“上帝之手”拉你一把。我一直觉得，在我身处逆境甚至濒临绝境时，愿意伸出援手的人，就是我的贵人。除了感谢他们的慷慨相助，我也很感谢自己能够坚守初心，坚持到他们出手相助的那一刻。

和客户在一起，永远不要脱离客户

客户是我们的上帝，是给我们带来利润的人。任何时候，我们都要和客户在一起。尤其是在陷入逆境时，客户是最有可能把我们拉出泥潭的人。

前面说过，我们公司处在转型期时，业绩一直亏损，这让我本就强烈的求生欲再度被激发出来。

不管客户在哪个城市，只要约定了会面的时间，我会立刻打包行李，做好出发的准备。对于我的做法，很多人都不理解——为什么不做招商会？

招商会这种模式，我做过一些探索，可是效果不好。无奈，我只好直接与客户一对一面谈。

这种形式虽然比较费时，但是沟通更直接。在面谈的过程中，我能发现客户真正想要什么，哪一点最能打动他们。总结经验之后，我可以为销售团队赋能，让他们知道客户喜欢听他们讲什么，以及他们应该怎么讲，客户才能听得懂。

这样一来，团队的整体效能反倒提高了，整个公司也随着业绩的提升，逐步走上了正轨。

我的创业过程中，曾不止一次从逆境中走出来。经历过逆境之后，我很想送给大家一句话：坚持自己的梦想，一切都会变好。

最后，大家不妨回想一下，当你身处逆境时，哪些事情、哪些因素牵引你走出了逆境？

我转型成功，是做对了这些事

创业之路是一条漫长的道路，中间会出现很多岔路口。有时候，一条路走不通，也许换一条路就能发现新的机会。当然，不是每个人都有勇气换路、转型。在同一条路上坚持到最后，也是一种选择。

在创业的道路上，我经历过几次重要的转型。

2012—2015 年，我第一次创业，公司主要代理别人的产品，做的是销售和运营。当时，公司的使命是“让好产品走进千家万户”。

我在前面说过，2015 年，我读到了一篇分析三、四线城市和一线城市居民因教育资源不平衡所导致的认知差的文章，颇为震撼。我发现，师资资源是有地域性的，它的价格很高，性价比却不高。

经过一段时间的思考和历练之后，我计划打造一个整合优质老师的线上平台。我的主要客户是创业者群体，我计划整合众多创业导师在平台上录制课程，再以高性价比的会员形式出售，借此为创业赋能，并打破知识的边界。

从代理别人的产品到做自己的平台，这是我们团队第一次转型。

转型之后，我们发现，之前我们只负责做营销，现在要对接师资、做产品、跟第三方外包公司沟通、做营销、做服务……团队成员的能力短时间内得到了很大的提升。当时，我们团队也许能力确实不够，但幸运的是，我们选到一个极好的赛道，很多问题都被业绩增长的表象掩盖了。

第一次转型将近一年之后，一位与我们合作的老师提出一个诉求，希望购买我们的软件和系统。这个系统是我们自己搭建技术团队，花费了很多时间和精力才研发出来的，成本很高，我们当然不愿意轻易卖出去。再则，倘若把系统卖给这位老师，他就会做和我们一样的生意，这相当于培养了竞争对手。因此，我们回绝得很坚决。

可是，很快就有第二个人问、第三个人问……直到有十几个人询问，我发现这似乎是一个机会，于是和几个合伙人商量："这也许是一个不错的赛道，咱们要不要尝试做一下？"

我们开会讨论，发现做 ToB（为企业提供服务），即孵化和培育老师，比我们自己做，更容易实现"打破知识的边界，让知识创造价值"这个梦想。而且，如果我们能培育 100 个，甚至 1000 个老师，大家一起做这件事，就会更有价值，更有意义。

最终，我们得出一个结论："社会少了创客匠人这样一个创业家学习平台，不会受到任何影响；但如果多了创客匠人这样一个孵化平台，孵化出千千万万名老师，让更多老师站出来分享、创造价值，就会更有价值。"想清楚这个问题之后，凭借极强的执行力，我们立即转型做起了 ToB。这是我们团队的第二次转型。

此时，创客匠人面临的挑战是，做技术服务商孵化老师，技术力量、能力模型和之前是有所差异的。在形成适合自己的市场模式前，创客匠人的的确确走了一段弯路。

起初，客户只要支付几万块钱，我们就把源代码一套一套地交给他们，效率低不说，我们甚至连知识产权的概念都没有。此外，我们还要申请服务器、买域名、花一个月的时间做备案……

与十几个客户达成合作之后，技术人员开始应接不暇，叫苦连天。这个瓶颈引发我们进一步的思考：一个客户收几万元，一个月也只有几十万元，如果技术人员当下已经难以应对，一定无法承接更多的客户，未来又要如何扩张？于是，我立刻做出判断，这种模式一定没有前景。

怎么办？我们团队到市场上找竞品，发现有做 SaaS 软件的，如电商行业的有赞、微盟。但 SaaS 是什么，当时的我们并不知道。我的技术股东以前在其他公司只是一个产品经理，对此也没有太深入的了解。于是，我们开始研究，只用了三四个月的时间就建立了标准化服务系统，令运营成本迅速下降。

以前，创客匠人服务一个客户，可能需要几个人，一两个月才能做成一套系统。后来，一个人只需不到一周时间就可以完成。如此一来，技术成本降低了很多，维护起来也很方便。以前，每一套系统都需要单独购买服务器做升级，相当烦琐；现在，创客匠人做 SaaS 的客户服务，维护时只要按一个按键，系统就自动升级了。

此外，服务器做成集群的形式，客户体验也更好了。以前，创客匠人做单台服务器，某个客户的用户量只要激增，服务器就会瘫痪。等客户打电话说要增加服务器时，明显已经滞后了。现在，创客匠人做服务器集群，基本不会出现断网、瘫痪的情况。

这样一来，客户的成本也随之下降。以前，客户要买一台服务器，费用很高；现在，客户只要每年交一定的服务费，创客匠人就能提供整体服务，不需要客户安装和管理。

当然，在益处之外，我们也要处理各种棘手的问题。比如，在转型的过程中，团队要扩张，要招收各岗位的员工，公司的运营成本必然会大幅增加。这就给公司的现金流带来了压力，很可能影响生存。

那么，公司应该做好哪些准备，以便更好地转型呢？

不做自己能力边界以外的投资

无论如何，公司要想转型，就要聚焦在核心能力圈。很多企业成功的转型都是在自己能力边界的上游、下游做，而不是进入一些完全与之前的业务不相关的领域。

比如，字节跳动公司最初做“今日头条”，核心业务能力是它的推算机制。后来转做抖音，依然是在这个基础上深耕，看似转型，但本质未变，只是因为客户的阅读习惯发生了变化，大家从看文字变成了看短视频。

其实，最早做短视频的不是抖音，而是快手。快手做了一两年，有了很大的客户基数之后，抖音才进入这个领域。为什么抖音可以后来者居上？正因为它是围绕核心业务能力做的，转型更容易。

回顾我的几次创业转型，其实也是越来越聚焦在核心业务能力上。

提高商业敏感度，在适当的时候转型

创业中的转型成功与否，时机也是一个重要因素。创始人应该保持很高的商业敏感度，能敏锐地察觉到最佳的时间节点，在适当的时间做适当的事。

有人说，很多初创企业的创始人的敏感度不高，那要怎么提高呢？

创始人要走出自己的圈子，多与别人交流。比如，多去上一些课，多加入一些圈层。我会加入一些 EMBA（高级管理人员工商管理硕士）的圈子、私董会。在私董会里，我可能没有太多知识方面的收获，但每天看他们做直播，也能获得一些精神力量。

我会开始研究公域流量的盈利模式。因为以前，我们只做私域流量，对公域流量很排斥。现在，看到人家在抖音一天能卖几十万单的商品，实现几百万元、上千万元的销售业绩之后，我觉得自己确实要多借鉴和学习他们的模式。

加入圈层，还有一个作用是信息的互联共享。很多时候，如果你不在圈子里交流，就看不到新商机。

同时，创始人不要局限于本行业，可以多做一些跨行业的学习和交流。比如，你可以通过阅读书籍来学习。要想学习好的商业模式，你可以去看《定位》之类的书，或者看艾瑞咨询这样的平台，通过数据了解行业发展趋势。

此外，创始人要稳健经营，与其到处去寻机会，不如稳步等机会。

体系化培训是必备条件

一个公司或组织要想带领团队转型，一要有文化，二要有体系。

我发现很多人，特别是业务人员，进入我们公司后提升最多的不是业务技能，而是思维方式。这是因为，我们有强大的企业文化，如创新、拼搏、专注等。我们不断地推动员工，让他知道做事要有价值判断的标尺。

一个人只要形成了高级价值观，他的人生高度自然而然就提升了。也就是说，当认知在高处的时候，很多所谓的转型都是小问题。一个人无法取得成功，绝大部分原因是他的思维方式存在问题。

我们公司的部分销售以前在工厂工作，习惯了朝九晚六的生活，思想多少有点消极。到我们公司之后，我们每天都给他们正面的反馈，告诉他们要乐观，要抗压，要有创新思维，要优化自己的工作流程，要拼搏，要专注做一个赛道。这些最朴实的观点，就是公司每天传递给他们的企业文化。

至于体系，我们经常讲一句话，哪里不通，点哪里，不要逃避。比如，一个员工如果业务话术不行，就苦练业务话术。

我们业务端的整个流程非常成熟，新员工入职后的第一天学什么，第二天学什么，都有很明确的标准。一个月之后，新员工就可以正式上岗。因为所有工作都有一套完整的流程，所以员工适应起来会相对简单。

创客匠人能转型成功，相信很多正在转型的公司也能做到。

至于什么时候转型最好，这与公司的四个发展周期（初创期、增长期、稳定期、衰退期）有关。一般来说，在公司进入稳定期的时候，转型去找发展的第二条路，这是比较理想的。至于如何准确判断公司所在的周期，这就要凭借创始人的商业敏感度了。

在此，我想送给大家一句话：对于初创企业的转型，最重要的决定因素是核心创始人的认知；你的认知如果在高处，很多时候转型就是个伪命题。

最后，大家不妨思考一下，你平时对一些新鲜事物具备敏感度吗？如果没有，那么你应该做些什么？

4

第四章

价值观，赋能长期正确的事

我们总是先受环境的影响，再慢慢改变环境。它是一个自我价值观的形成过程，也是一个升维过程。

▶ 多树立正向的价值观，这需要持续的刻意练习。

▶ 关于公司的愿景、使命、价值观：要先有完成，再有完美。一定要先有，再慢慢去优化。

▶ 价值观是所有人行事的准则。它是一个筛子，也是你面对更高难度沟通的底气。

▶ 价值观的迭代，可以高频总结，低频发布。公司价值观的优化和迭代，其实也是创始人自我认知和价值观的一种优化和迭代。

▶ 很多人其实都有自己的愿景、使命、价值观。用价值观赋能长期正确的事，其中一个很重要的方式，就是用价值观梳理至少三句 slogan（口号）。

我的人生价值观

大家都说，原生家庭会影响一个人的人生价值观，我非常认可这个观点。

至于原生家庭对人生价值观的影响，主要体现在以下两个方面。

第一个方面，面临选择时，知道可为与不可为。

家庭对一个人的教育，对他未来的发展极具影响力。

一个人越有本事，选择越多；当然，选择多意味着面临的诱惑也多，也更容易走错路。反之，一个人本领有限，没有选择的机会，想犯错也没有机会。

面临选择时，知道什么可为，什么不可为，这是原生家庭给予孩子的最重要的价值观之一。

第二个方面，决定行动力。

价值观明确且正向的人有信仰、有信念，做事的自信程度和动力与一般人截然不同。

价值观不清晰的人就像墙头草一样，两边摇摆，定力不够。做事时很容易被人影响，缺乏自己的思维框架和判断力。

我的人生价值观是如何受到家庭影响的呢?

首先是父母对我的影响。

我出生在桂林全州的一个偏远山村，父母都是面朝黄土背朝天的农民。他们坚韧不拔、吃苦耐劳的精神，从小就在我的心里埋下了种子。

当时，我的父母一共耕种了四十多亩水田。六七月农忙时节，是他们最为忙碌的时间。40 多天的时间里，他们既要收割稻谷，又要插秧。每一天的生活轨迹相差无几。早上 5 点起床，中午 12 点吃午饭，下午 1 点多再到田里继续做农活。

眼看着父母的辛苦，我很想帮他们分担一些。所以，我七八岁就开始和父母一起干农活。现在的孩子缺少了像我这样的经历，也失去了很多培养价值观的机会。

其次是爷爷对我的影响。

我爷爷是一位教书先生，教我学习小学语文、数学。每天放学回家，他都会要求我写五六十个毛笔字。我从小受他的文化熏陶，潜移默化中也被他的教育理念所影响。

然而，当时的我年少无知，看到爷爷教书育人的辛苦，轻率地认为教育行业前途有限，发誓长大后决不从事教育工作。可是，20 年后的今天，我终究还是从事了教育行业。注定与教育捆绑在一起，这就像我的宿命。

在几十年的成长历程中，我的价值观的形成主要分为三个阶段。

第一个阶段，受环境的影响。

这个阶段，我通过努力读书考上了一所知名大学，改变了自己的生活环境。在一个优良的环境里，我有机会接触到了好的价值观。环境的影响效果不言而喻，就像孟母三迁一样。

第二个阶段，开阔眼界。

大学毕业进入职场后，我接触到很多优秀的人，比如身边的同事。在与他们打交道的过程中，我的眼界逐渐开阔，接触到了更多高价值的人和事物。

第三个阶段，追本溯源。

这个阶段，我已经学会追本溯源。任何一个事物，任何一件事情，我都想一探究竟，想知道它发生的根源是什么。

这三个价值观的形成阶段与原生家庭对我的影响密不可分。

当然，我身边也有一些朋友，对原生家庭始终怀有怨意。对于这种抱怨，我想说，人虽然是环境的产物，但成年之后还是可以通过自身的努力，做出某些改变。与其抱怨，不如主动改变。

我岳父岳母的关系不是很融洽，时常因为鸡毛蒜皮的事争论不休。在如此环境下长大成人，我太太的性格依然开朗、活泼，实属难得。

我经常和太太开玩笑说，原生家庭是一个原点，每一个人都从这里出发，但在成长的过程中，会出现各种各样的岔路。最终走向何方，是每个人自己的决定。

是选择不去感受爱，情绪无比消极，比上一辈更可怕？还是选择从父母糟糕的相处模式中吸取教训，在经营关系或面对下一代时，给予他人更多的爱？

如果是我，我当然愿意选择后者。可事实是，很多人都选择了前者，所以才出现那么多错误的价值观，才把一切过错归咎于原生家庭。

人从稚嫩的少年到人生观、价值观相对完善的成年，这是一个相当漫长的过程。我们总是先受环境的影响，再慢慢改变环境。它是一个自我价值观的形成过程，也是一个升维过程。

那么，我们应该如何树立人生价值观呢？

跟随偶像，价值观是慢慢形成的

每个人都需要被引领，尤其是年轻人。

在人生价值观尚未成熟时，找到一个对标的优质偶像，对个人成长和做长期正确的事会有很大的激励作用。先立志，找榜样，允许人生价值观慢慢形成。

读大学时，我的偶像是疯狂英语的创始人李阳。因为我比较内向，李阳的“疯狂”和外向的性格正是我期待成为的样子。

我有一个师兄是李阳的徒弟，他每天早上都在学校的操场疯狂朗诵英语，前后坚持了一年多的时间。我很喜欢英语，又受师兄的影响，对李阳的崇拜之情更加强烈了。

参加工作之后，同事推荐我读稻盛和夫先生的书。只读了一本，我就深深地痴迷上了。稻盛和夫先生踏实坚韧的精神，与我有共通之处。他出身普通家庭，最终逆袭成功的人生经历，也让我产生了强烈的共鸣。

随着阅读量的增加，我对稻盛和夫先生有了更深刻的认知。读完《活法》之后，我开始追本溯源，极想知道稻盛和夫先生为什么如此厉害，能写出如此好书。细究之下，我发现，他的书里提到了一些中国古圣贤的智慧。从这些蛛丝马迹中，我追溯到了阳明先生。

看完阳明先生的书，我会有莫名其妙的力量感。他的成长经历对我的影响非常大。我心即一切，一切即我心。在我心里，一切问题一定都有答案。他的致良知、知行合一，为我人生的很多过往或做事情的标尺做了一个很好的总结。

此外，我还会读一些人物自传，像曾国藩的自传。他们的很多品质，我都非常欣赏。但是整体而言，阳明先生更符合我的向往，他的灵活性更高，思考维度也更高。

也有可能，是人在接近 40 岁时正适合读阳明先生的书。有了一定的积累沉淀，也经历过一些挫折，才会有共鸣感。

总的来看，在不同的阶段，我的榜样是不同的，他们带给我的激励也不同。李阳是一种带有激励性的成功学，代表的是一种改变；稻盛和夫先生更多教的是为人处事的准则和道理；阳明先生则上升到了人生的高度和哲学。

在跟随他们的过程中，我的价值观逐渐升级，成为今天的模样。

精神富足，给了我足够的底气

我工作的时候，属于拼命三郎的类型。之所以如此，是因为我父母身上有一种顽强拼搏的精神。我自小深受影响，很自然地也拥有了这种精神。

父母对我更深度的影响，是他们感情很好，两个人共同生活了一辈子，仅有几天没在一起。虽然我们物质上有一些匮乏，但精神上很富足。精神的富足给了我足够的底气，让我很小的时候就在心里埋下一颗种子——要考大学。

不过，我的求学经历非常坎坷：小学时，我不爱学习，成绩不好；初中时，父母一直严加管教，成绩稍微有些起色；高中时，父母的管教松了一些，我就开始放飞自我，很多时间都浪费在与别人的厮混上，成绩不佳是可以预想的结果。

第一次参加高考时，我的总成绩还不到 300 分。父亲约我谈话，说："咱们家条件有限，你哥为了让你继续上学读书，主动选择辍学。没想到，你不思进取，成绩这么差。现在你自己选择，要么回家跟我一起干农活，要么复读一年。如果复读一年再考不上，那就是你的命，也不用再考了，回来跟着一起干活。"

听完父亲的话，我猛然醒悟，知道自己必须面对现实问题，再不好好奋斗，可能一辈子和父母一样，要在农村过那种一眼望到头的生活了。

在这种局面下，我面临两个选择。一个选择是继续在我们乡镇的高中读书，不用花太多钱；另一个选择是到县城复读，可能要花好几千元。那时候的几千元，相当于现在的几万元甚至十几万元。

我不知道哪里来的勇气，对父亲说："要么你付钱，我去最好的高中；要么我就不复读了。"父亲思考良久，最终把我送到了最好的高中。

复读的那一年，即便无人监督，我也每天四五点起床，晚上学习到11点。我经常说，我用一年的时间，读了高中三年的书。

那时候，复读班有100多人，我从进班时的最后一名一路向上，高考成绩排在了第15名，是各次考试中的最好成绩。我发挥得很好，考了640分，比前一年翻了一倍还多，很多人都觉得不可思议。

为什么会有这种变化？因为复读那年，我内心有一个强烈的渴望，就是我要走出这座大山，不要像父母一样，一辈子都待在山村里。我想给他们更好的生活，想要做出改变。在这种原始欲望的刺激下，我爆发出了大家都想象不到的潜力。

经过这一年，我发现，一个人有强烈的渴望和意愿时，可以改变很多事情。

从痛苦经历中找到力量感

初中时，我比较内向，相较于向别人表达感受，我更喜欢把自己的生活记录在日记里。无论是遇到困难还是发生有趣的事情，都是如此。这个习惯一直陪伴我到高三，基本保持每天写一篇的节奏。

结婚之后，我把以前的日记拿给太太看。她说，你的日记，几乎都是同样的基调：前半部分写不满和抱怨，给人生活惨淡的感觉；后半部分总会出现反转，变成给自己树立一个目标。

听了她的话，我如梦初醒。原来，日记对我最大的价值就是让我明白，生活处处有毒打、不满和抱怨，但是这对改变现状毫无益处。重要的是要找到释放的出口，并进行积极的思考和调整，否则负面情绪就有可能对自己造成不良影响。

回看当年的日记，我发现，无论面对多么沉重的痛苦，我都扛住了，并且还会给自己树立目标，用积极乐观的态度去思考和解决问题。在这种对比和反差中，力量感清晰地体现了出来。

我的人生价值观就是这样在我的成长过程中慢慢形成的。它是我一辈子的财富。

送给大家一句话：多树立正向的价值观，这需要持续的刻意练习。

最后，大家不妨思考一下，你觉得哪些价值观是你认可的，而且是有利于自己的现在和未来的？

公司的愿景、使命、价值观

一家公司，无论大小，哪怕只是个体户，哪怕只有创始人独自一人，都应该树立公司的愿景、使命和价值观。

愿景，是方向，代表未来要去到哪里。

我常常问身边的朋友:《水浒传》里，一百零八好汉在水泊梁山替天行道时，总是受到朝廷征讨，生存环境堪忧，但大家却能团结一致；被朝廷招安之后，生活无忧，加官晋爵，为什么反倒分崩离析了？

每个人给我的答案都不尽相同。在我看来，这是因为好汉们只是凭着义气聚在一起，没有统一的目标和方向。在水泊梁山，好汉们唯宋江马首是瞻。一旦离开这个环境，每个人都有自己新的岗位，也因此迷失了自己。

可见，无论是谁，想把一群人凝聚起来，就要给他们确定的方向，这就是愿景。有了愿景，大家才能齐心协力地完成目标。

使命，是发心，代表为什么而干。

有了使命，就知道为什么而干，知道要不要做选择、要不要盲目投资、符不符合自己的使命。

做得好的时候，你可以看到自己的隐患，抵御一些未知的风险；做得不好的时候，你也不会就此放弃。使命会激发出强大的内驱力，让你知道你的梦想还没实现，推动你继续做下去。

价值观，是知道什么可为，什么不可为，代表做事的行为准则。

价值观是大家共同的行事准则，每个人都要恪守，不可逾越。如果每个人都随心所欲地做事，公司将混乱不堪，难以形成凝聚力。这对公司的发展毫无益处。

那么，创客匠人的愿景、使命、价值观，分别是什么呢？

创客匠人的愿景是，成为一家为社会创造价值、受人尊重的科技公司，成为一家世界 500 强公司；使命是，在追求全体员工物质精神双幸福的同时，用爱和专业帮助老师走进千家万户，为提高国民素质做出贡献；公司价值观一共有九条，分别是创新、拼搏、专注、分享、诚信、敬畏、团结、担当、超越。

使命的三个维度

创客匠人的使命有三个维度：第一个维度，追求员工的物质精神双幸福；第二个维度，在客户层面，让知识无边界；第三个维度，有社会价值，也就是提高国民素质。

在第一个维度上，有物质和精神两个层面的追求。物质层面上，创客匠人员工的薪资相对同行偏高一些，物质生活可以更幸福；精神层面上，员工在为老师和社会创造价值的同时，又能汲取知识的能量，不断丰盈自己的精神世界。

在第二个维度上，当创客匠人的老师能通过分享创造价值、获取回报时，他们会更愿意站出来分享，会把内容打磨得更优质，把知识传播到更广阔的领域。

在第三个维度上，创客匠人一直追求科技兴国，提高国民素质。从某种意义上说，这些做知识付费的老师在传播知识的时候，已经担负起提高国民素质的责任。因此，任何一个老师，都值得我们尊重。

使命感让工作更有意义

创业经营公司，使命感是极为重要的精神力量。意识到工作的价值，明白自己为什么要从事这项工作，会提升工作的意义感。

创客匠人曾与一位客户合作，通过分享知识影响了数万乃至数十万人。我们的员工为此深感自豪，由衷地认为自己的工作极具价值和意义。我们有些销售人员成功签订了一份订单，并与客户一同完成了产品的发售，当客户从中获得 10 万元、20 万元甚至 30 万元的利润时，销售人员的心情甚至比客户更愉悦，因为他们从中看到了自己的价值，完成了自己的使命。

客户拿到应得的结果，创客匠人的员工会觉得从事这个行业是有意义的。这种使命感，会让他们更加享受其中。

曾经，创客匠人接触过一个在弘扬家风文化方面做得非常出色的潜在客户。他非常用心，所提供的产品和服务性价比极高。我们的销售人员在与其沟通后，兴奋地返回公司，并直接敲开我的办公室门，说："老蒋，我们一定要与这个客户合作。即便没有提成，我也愿意为他服务。他所做的工作实在太有价值了，我甚至想把孩子送到他那里去学习。"

听完他的话，我没有诧异，只有高兴。员工有如此强劲的工作动力，就不会计较每天多工作一两个小时，或是少一天工资。他能从客户价值里，通过使命找到自己的价值观。

公司的九大价值观

创客匠人的价值观有九条，是逐渐总结、完善而形成的。

最初，我们团队的价值观只有拼搏、专注、诚信、团结、担当这五条，其形成与我个人的性格、人生价值观密切相关。

随着公司的不断发展壮大，出于客户及企业的需求，创客匠人的价值观逐步增加到九条。以下就是现在公司的价值观。

第一条，创新。

创客匠人一直传播一个理念，企业唯一不变的就是改变。环境在发生改变，客户的需求、习惯也随时在改变。为了适应外界的各种变化，创客匠人必须不断改变，持续优化流程，坚持创新。

我们的创新不仅仅在产品部门和技术部门，而是公司的所有人，客服部门、销售部门甚至财务部门，都需要创新。

第二条，拼搏。

拼搏永无止境，成长就永无止境。坚持以奋斗者为本，才能更好地践行客户价值；坚持以奋斗者为本，才能在激烈竞争中脱颖而出，获得快速成长。

第三条，专注。

就专注来说，创客匠人是最大的受益者。我们坚持十年磨一剑，坚持长期主义。在一个领域，我们不求挖 1 万米宽，而求挖 1 万米深。从 2015 年到现在，我们专注于知识付费赛道，终于成了行业内的佼佼者。

第四条，分享。

创客匠人本身做的就是传播分享的工作，希望让知识创造价值，让老师站到台前分享知识。这是我们在 2016—2017 年迭代出的一条价值观。

第五条，诚信。

诚信是为人的第一要诀。创客匠人刚开始推诚信高压线文化时，几乎每隔一两个季度，就有员工因为诚信问题被开除。

前几年，公司规定销售人员每天要添加 10 个人的微信。有一个员工，一天加了 16 个，已经超额完成了任务，可他上报了 17 个。

调查之后，我们找到了原因：他刚来公司两三个月，带着小团队和其他团队 PK。当时，他们落后对方一分。在强烈的荣誉感和侥幸心理的双重诱惑下，他悄悄地多加了一个。

这个员工表现很优秀，做假还不完全是为了自己。是开除，还是留下？

我们召集销售部门的管理层开会，商议之后，决定开除他。

诚信是公司的高压线。不管他有什么理由，不管他是为自己作假，还是为团队作假，本质都是一样的。我们不能因为他有团队荣誉感和团队精神，就放他一马。

类似这样的事情，我会不断地和大家讲，人力资源部门的同事还会形成文件，让全公司的同事看到并引以为戒。

第六条，敬畏。

2015 年的炒股事件过后，创客匠人把敬畏加进了公司的价值观。我们觉得，要敬畏市场、敬畏规律、敬畏一些基本常识。不乱投资，不做能力边界外的事情。特别是 2020 年以后，我们对这条价值观更加认同。

第七条，团结。

执行力是创客匠人最擅长的能力。我们一直强调团队作战，团结是不可或缺的价值观之一。

这个价值观源于我强大的家庭文化。我的父辈、祖父辈孩子多，生活相对拮据，都是靠兄弟姐妹们互相团结、互相帮扶，才过上了美好生活。在亲人的爱的滋养下，我们觉得亲情很重要，团结也很重要。

小时候得到的幸福感，让我对团结的渴望极为强烈。因此，创客匠人十分注重在企业经营过程中营造团结文化，希望能给员工带来家的感觉。

第八条，担当。

创客匠人实行部门负责人制，谁接了任务，谁就是全权责任人，要承担相应的责任。如果任务失败，就是自身存在问题。

比如，人力资源部门的同事要策划年会。每个部门出几个节目，节目顺序如何安排，在什么时间演什么节目，等等，都是他要思考的问题。

在年会这项活动中，他要承担责任，要调动所有人，要整合各项资源。如果他因为不敢安排领导而导致年会无法顺利进行，那就是他的失职。

第九条，超越。

所谓不积跬步，无以至千里，每一次超越都是逐步积累而成的。在创客匠人，我们不会要求员工有大的超越，只要每天都有小的超越，就是值得称颂的进步。

关于公司的愿景、使命、价值观，我想送给大家一句话：要先有完成，再有完美。一定要先有，再慢慢去优化。

最后，大家不妨思考几个问题：

创客匠人的愿景是，成为一家为社会创造价值、受人尊重的科技公司，成为一家世界 500 强公司，那你的愿景是什么？

创客匠人的使命是，在追求全体员工物质精神双幸福的同时，用爱和专业帮助老师走进千家万户，为提高国民素质做出贡献，那你的使命是什么？

创客匠人的价值观是创新、拼搏、专注、分享、诚信、敬畏、团结、担当、超越，那你的价值观是什么？

突破阻碍，落地价值观

很多人说，拥有价值观的企业能够走得更长远。这一点毋庸置疑。然而，很多企业的问题在于，企业即便拥有价值观，也很难将其落地，以至于企业价值观变成一纸空文，毫无意义。

在践行公司价值观的过程中，创始人需要注意以下几点：

第一，中小企业刚开始塑造价值观时，创始人要考虑实际情况。

即使在初创阶段，创始人借鉴其他企业的价值观时，也必须确保这些价值观切实可行并契合自身的品性。同时，创始人需要对这些价值观有深刻的理解，以便更好地将其融入企业文化中。

不求真、不务实的价值观，即便写进企业文化里，意义也不大，而且很难落地。

第二，价值观可以只是几个词，但一定要有细则。

任何一条价值观都不该是虚无的存在，公司要对它有详细的解读和理解。

比如，“诚信”这条价值观，细化成具体的条款细则的话，可以包括“不允许拿客户一针一线”“不要和客户有利益输送的行为”等。

第三，价值观的实践本质就是落地。

很多创始人都觉得，价值观是思维层面的感受和意识，基本难以落地。价值观的落地，是很多公司践行中的难题。

而在创客匠人，每条价值观都有相应的落地方法。

比如，敬畏规律指的是，员工开发的客户数量、沟通过程等，每天都要达标。虽然业绩本身是不可控的，但如果每一天都保证适量的客户开发工作，保证相对稳定的数据，就能让看似不可控的业绩形成某种规律，变成可控的因素。同时，创客匠人还要求员工敬畏公司的规章制度、敬畏市场、敬畏客户等。

再如，创客匠人不允许员工辱骂客户。即便客户骂了员工，员工也要站在客户的角度思考问题——有些客户接到电话，可能觉得受到了骚扰；有些客户恰好心情不佳，于是不由分说地发泄情绪……无论如何，创客匠人都要求员工不要正面和客户起冲突。

第四，价值观要有温度，要有故事。

单纯的细则和条款是冰冷的，故事则是有温度的。价值观的每一条细则都应该尽可能和故事挂钩，而不仅是一些冰冷的要求。

与价值观相关的故事应由人力资源部门记录、保存下来，甚至可以编成内部教材。创客匠人的价值观文化手册总共有二三十页，基本上每条价值观都有相应的故事。关于诚信，大概收录了二三十个故事，涉及敬畏的故事也有二三十个。人力资源部门的同事负责定期更新其中的故事。

一般来说，在践行公司价值观时，高层管理人员更容易成为阻力。

比如，我们公司一直强调以客户为中心，想方设法满足客户需求。之前有一位技术股东，他的价值观经常与公司价值观背道而驰。客户提出需求时，他总是推三阻四，拒不执行。这种做法，常常让公司陷入被动的局面。

基层员工基本是服从指令，负责实操。只要高层人员积极参与践行价值观，基层员工通常会毫不犹豫，坚定执行。

那么，如何突破阻碍，落地价值观呢？我给大家介绍几个方法。

通过共创找出价值观

像创客匠人这样的团队，可以通过共创来找寻价值观。

当然，创始人必须发挥领头羊的作用。比如，创始人可以先确定一个基本框架，阐明自己的愿景、使命，接着让每个人都提出自己的建议，并在框架内修改、完善，然后将大家的建议汇总起来，再共同讨论落地的细节条款。

完成讨论之后，创始人可以回想一下，在经营公司的过程中，是否遇到过相应的具体案例。如果有案例，可以填充进去，再与大家讨论，看填充的案例是否得当。

类似这样的会议，创客匠人一次至少要开 4 个小时。如果组织得好，可以开 5~6 个小时。

此外，创始人还可以每隔一两个月为员工做企业价值观的培训。这是因为，随着时间的推移，很多人对企业文化和价值观等有新的灵感，或者有新的理解和感受。基于此，创始人可以往已有的基础大框架里不断添加更多细节，同时对员工进行培训。坚持半年左右，员工对价值观就耳熟能详了。

确定了企业价值观后，创始人要把它贴到公司展示墙上，或者加到员工的培训手册里，这样每位员工就能随时看到。接下来，就是慢慢通过工作践行了。

需要注意的是，在日常的细节沟通中，创始人对包括股东、高管在内的核心团队的价值观文化的要求要高于对普通员工的要求。如果核心成员都不能认真践行，想要将其推行到基层员工，注定会遇到巨大的困难。

先让员工背诵，再寻求创新

针对初创企业，如果团队成员数量有限，我建议大家先把价值观背下来。在创客匠人，这种方法叫作先固化，再创新。从以往的经验来看，这个方法是很有效的。

假如公司有 30 个人，我们就分成三支队伍。每支队伍各自背诵完毕之后，立刻举行一次企业文化价值观和军训融合的演练，三支队伍进行 PK。

演练过程中，我们会做一些简单的军训，比如立正、跑步、跨立等，同时把背诵企业文化价值观的环节融合进去。比如，在跨立时，让大家背诵创客匠人的企业文化、企业使命。

这样的演练可谓一举两得。因为从某种意义上说，军训代表的就是执行和团队作战。

先背诵价值观，让它成为员工的行为准则，规范员工的行为，再在工作的过程中尝试微小的创新，这是传递价值观的一般逻辑。

与个人行为、考核等紧密结合

价值观不是一蹴而就的，更不是确定之后就束之高阁的。它的践行，应该与每个人的行为、考核等紧密结合起来。

首先，价值观作为衡量标尺，要与个人行为等紧密结合起来，否则它就只是文字描述而已。比如，我们在日常判断员工行为对错时，就会运用价值观标尺。如果发现某个员工的某些行为不当时，我们的第一反应是判断他的行为是否与公司价值观相违背。

其次，价值观可以与考核挂钩。创客匠人每个部门、每个月的绩效考核，都有一项创新的考核标准，相关细则也罗列得很清晰。比如，一个员工有没有做出一些创新，让自己的部门或者公司取得成绩？如果有，那么 100 分的标准分，他也许能得 150 分。如果没有，他可能只能得 50 分。

当然，每个部门对创新能力的考核是不一样的。对产品经理和技术部，创客匠人会把创新的权重设置得更高一些。

2023 年 4 月，创客匠人从外部引进一位销售副总。他入职的第一个月，我首先想到的是尊重他的思路和决策。毕竟，几万元月薪请他做销售副总，必须给他一定的自由度。

创客匠人会尊重每个员工，给予其空间，希望每个人都能发挥自身价值。可是，我慢慢发现，这位销售副总做事情的很多标准和价值观，与创客匠人的价值观有冲突。

作为创始人，我意识到，这样下去的话，我会主动请他离开。与其将来分道扬镳，不如我当下主动出击，给他提要求。

我对他说："你是一个高层级的人，我跟你讲得直接一点儿。你认不认同公司的理念？认不认同这个行业？"

对方说："对行业，我是非常认同的。"

我又说："既然认同教育这个行业，那你认不认同创客匠人的理念？如果认同，咱们就继续合作；如果不认同，你也直接告诉我。毕竟在这个行业里，不止我们一家公司，你可以择良木而栖。"

他又说："我认同创客匠人的理念。"

得到他肯定的答复，我便大胆地开始提要求，告诉他对于哪些细节，我不能容忍。我对他说："你跟我说，你想快速地懂业务，这很好。可是，你不能两个月过去了，业务还深入不下去。那么，我就想知道快速懂业务，你的策略是什么？你每天要做什么？"

我接着又对他说："如果你实在没有具体的办法，我可以给你一个建议，你每天跟销售一样，去做半天业务，看看能不能出结果。是骡子是马，拉出来遛一下。"

一旦企业有了愿景、使命、价值观，创始人在面对很多高难度沟通时就有了底气，就能正视很多问题。如果没有这些底层框架和文化架构，在沟通时就会遇到很多意想不到的困难。也就是说，在价值观落地受到阻碍时，充分利用好这个武器，就可以相对简单地解决某些问题。

在此，我送给大家一句话：价值观是所有人行事的准则。它是一个筛子，也是你面对更高难度沟通的底气。

最后，大家不妨思考一下，因为价值观的问题，在团队组建、用人方面，你遇到过哪些阻碍？

优化迭代价值观，让公司与时俱进

公司在不同的发展阶段，关注的焦点和需求是不同的。企业价值观必须随之优化迭代，才能与时俱进。

创客匠人最初塑造企业价值观时，坚持每天开早会，一起背诵企业价值观的相关内容；一段时间之后，变成三四天开一次早会；再往后，是一星期开一次早会；一年之后，可能一个月开一次早会。

与之相应地，公司会根据员工及公司环境的变化，对企业价值观做微调，保证它不断地迭代。

具体来说，我们该如何优化迭代企业的价值观呢？我给大家三点建议。

根据业务需求做迭代

企业的价值观之所以需要迭代，往往是因为客户有了新的需求。而且，价值观的迭代背后往往有案例、有故事。我们可以把那些具体发生的、很重要的、非常关键的事情，变成价值观迭代的标尺。

这就是说，一旦遇到一个实实在在的问题，依据之前的价值观无法解决时，我们就需要迭代出新的价值观。

以创新为例，我们团队在初创阶段专注于开发平台和相关产品。在公司转型过程中，我们经历了利用微信社群开发、与外部团队合作开发，直至自主开发的阶段。随着时间的推移，我们的产品形态也不断发生改变。此外，公司起初主张使用音频形式，但后来选择了视频和直播等更为丰富的输出形态。

转型过程中，我们发现，从营销型公司转型到产品和服务型公司，对创新能力的要求越来越高。因此，在设定绩效考核标准时，我要求把创新纳入其中。

起初，创新并不是创客匠人的价值观，它只是一个考核标准。在不断实践的过程中，我们团队发现它越来越重要，才把它提炼成九大价值观中的一条。

为什么将创新作为创客匠人的价值观？因为产品的创新是现代企业竞争的核心，是十分重要的。

细节和规则要体现出价值观的迭代

每一次价值观的迭代都伴随案例和故事的出现，自然就会出现细则。在细节和规则中体现价值观的迭代，不仅有利于价值观的传播，还有利于更快地被员工理解和接受。

比如，“敬畏”这条价值观，最初是我对自己的警醒。在遇到一些问题之后，它才逐渐迭代成创客匠人的价值观。它的出现，背后有这样一个故事。

有一个客户，从宁夏乘飞机到我们公司。一整天，销售人员都在招待他，和他沟通。可是，他始终没有表现出成交的意愿。

当天晚上，他约销售人员吃饭，提出了自己的要求：“你同意私下帮我运营，我明天就付款成交，而且给你 10% 的股份。如果不同意，那就一切免谈，我订明天的机票返回宁夏。”

这样的要求，我们的销售人员是不会同意的，更不会接受股份。他把情况如实反馈给我，其实也是对客户的敬畏。

类似的事情出现几次之后，我们就觉得，有必要在企业价值观中加上“敬畏”这一条。

价值观不是口号，要为业务赋能

有些创始人会觉得价值观很虚，不过是几条口号而已。他们有这种想法，其中很重要的一个原因是，没有让价值观与公司的业务相结合并落地。

实际上，如果能充分利用价值观的“口号”，是可以为业务赋能的。一个好的企业价值观，可以落地到做业务的行为标准中。

比如，“担当”这条价值观，对提升创客匠人团队的责任心有很大的帮助。新员工刚入职，我们会要求他们学会担当，不要指望其他同事或者上级领导辅导他们，他们要为自己的成长负 100% 的责任。

在这种企业价值观的熏陶下，新员工无论认为自己哪些方面需要成长，或是哪些人能够帮助他们成长，他们都会主动出击，通过自己的努力以及他人的帮助，顺利地完成自己的目标。否则，新员工就容易形成抱怨性思维，积极性和主动性因此受限。

创客匠人的每个部门在处理纠纷和协同问题时，都在强调“担当”的重要性。每个员工都敢于担当，清楚自己是全权负责人，推进任何事情往往都能事半功倍。

任何一家企业都会出现小摩擦、小纠纷。它们看上去似乎无足轻重，其实往往是企业价值观迭代的契机。

价值观的迭代，可以高频总结，低频发布。任何一条信息，最初整理时你都会觉得很有用，但一段时间之后再回头看，你也许会疑惑自己的初衷。公司价值观的优化和迭代，其实也是创始人自我认知和价值观的一种优化和迭代。

最后，我想把查理·芒格的这句话送给大家：如果今天的自己不认为去年的自己是个傻瓜，说明你没有进步。

大家不妨思考一下，你有没有觉得去年的自己是个傻瓜？如果有，恭喜你，你成长了。

好的价值观，赋能长期正确的事

好的价值观是一套做事的底层逻辑和标准，能让企业始终走在正确的道路上，帮助企业员工做好长期正确的事。

作为企业的创始人，应该如何借助价值观，为做长期正确的事赋能呢？

提升格局，帮别人就是帮自己

利他思维是商业上一个很重要的成功准则。与他人合作时，如果能让他人得到实惠和便宜，能让他人受益，那么对方往往就会信任你，愿意成为你长期的合作伙伴。

从长远的角度来看，你最终能够收获的益处，是你的企业价值观更正确，企业的发展更迅猛。

一个员工如果能带着利他思维与同事相处，甚至愿意放弃一些个人利益，那么他未来会得到更有价值的回报。

创客匠人的销售系统里，有一套销售客户争议处理规则。规则规定，一旦客户绑定在某个销售人员的私库中，无论最后由谁成交，业绩都归这个销售人员。

可是，有一次在一位客户身上，出现了客户归属争议。销售人员 A 跟进这位客户很长时间，已经到了要成交的时间节点。没想到，客户不小心掉入公海，被销售人员 B 捞到，并被其绑在自己的私库中。按规则，这个客户应该归属 B。但是，对这个从公海捞起来的客户，B 还没有做任何跟进，业绩判给他，又不太合理。

于是，两个销售人员来到销售负责人那里，让负责人给出评判。负责人劝解了半天，两个人依然各执一词。尤其是 B，坚决不同意把业绩让给 A。

销售负责人感觉其中一定有更深层的原因，于是和 B 单独沟通。B 告诉了销售负责人真实的原因。原来，B 团队之前已经有过类似的经历，而且从他们手中拿走订单的，正是 A 的团队。这一次，B 自然不愿意再拱手送人。他说："老大，这个单子换成其他任何一个人，我都愿意给他。但是给 A，我心里不舒服。"

销售负责人开导他说："你把格局拉高一点儿，别人怎么对你不重要，你怎么对别人才重要。你扪心自问，这个单子给了你，你良心上过得去吗？你什么都没付出，就想拿绩效，这符合咱们公司的价值观吗？你要用利他思维，帮助别人就是帮助你自己。"最后，销售负责人终于做通了 B 的思想工作。

过了一段时间，销售负责人问B："你从这件事中得到了什么？"他说："我得到了心灵的升华。"

这就是一种利他思维，规则之上还有良知。这样处理事情，不会留下什么心结。没有付出就是没有付出，拿不到业绩是理所应当的。如果因为对方以前算计过自己，就一定要算计回去，这与个人和企业的价值观都是相悖的。如果带着这样的心态，企业创始人就很难做长期正确的事。

不计较付出，成长速度会更快

创客匠人有一个员工，入职仅仅两年多，已经从经理跃升为总监级别。他就是一个非常具有利客户思维的人，凡事都为客户提前考虑好。

他刚进公司时，创客匠人并没有主动把服务做到前端销售。他向我建议："我们要重视客户服务，前端就要为客户服务。"

他很快就着手做这项工作，但我起初并不理解。销售人员的工作就是售卖产品，服务工作应该由客服人员去做。销售人员在客户服务上花费大量的时间，纯属浪费资源。

面对我的不解甚至是质疑，他始终坚持自己的观点和做法。客户做直播，他会全程跟播，给客户做直播间助理。他和客户聊天，比其他销售人员更有灵魂，更加坚定。

一年之后，我被他改变了。因为我看到，客户确实通过他提供的服务获利颇丰。

他经常说：“老蒋，我现在对产品越来越有信心。因为我知道客户是如何一步步做起来的，我能把这种感觉传递给我的伙伴。”

后来，再有客户向我咨询相关业务时，只要是关系比较密切的，我一般都会推给他。他让我感觉心安，不会担心他答应之后对客户不管不问。他的整个团队也逐渐形成了这种文化氛围。现在，任何一个客户，我都可以很放心地交给他。

我意识到，他一直在做长期正确的事，这对我的决策也产生了影响。我很坚定地支持他，销售前端要做好服务。因为这么做，对创客匠人来说，收益很大。

一方面，销售部门可以与客服部门形成互相监督的机制。一家公司中，如果只有客服部门做服务，反馈往往是相对迟滞的，很难第一时间评判公司的服务是否到位。如果从销售阶段就开始做服务，反馈会很及时，一旦和客户起了冲突，马上就可以解决，从而提升客户的服务满意度。

另一方面，创客匠人的员工会更有力量感。通过给客户提供服务，看到客户越做越好，收益越来越多，他们会受到很大的鼓舞和激励，底气和自信会油然而生。

梳理价值观，自洽才能走得更远

我的“老蒋商业班训练营”有一个很重要的环节，是带领大家梳理或寻找自己的愿景、使命、价值观。但是，就像前文所说，很多人没有自己的愿景、使命、价值观，也不知道怎么梳理。

很多初创公司都存在同样的问题。最初，公司并没有愿景、使命和价值观。为了生存，往往跟风做业务。有些公司，即便有愿景、使命和价值观，也对它们缺乏明确的认知，常常流于形式，无法切实落地。

我一直强调，即便是只有一个人的公司，也要有愿景、使命和价值观。不是公司的规模足够大，才考虑用愿景、使命和价值观吸引他人；而是在它们的指引下，让公司更快地发展起来。

另外，创客匠人始终对老师强调，做产品一定要有初心。只有保持初心，才知道自己为什么而做，才能感动自己，影响更多同频的人，一起做长期正确的事。

梳理愿景、使命、价值观时，我通常会让大家把它们写下来。我关注的不是他们的愿景、使命、价值观是不是足够正确，而是他们究竟能不能写出来。

一般来说，我们可以从产品的维度，也可以从做某件事情的价值和意义的维度，还可以从对客户有什么帮助的维度，来梳理自己的价值观、愿景和使命。

我创办训练营，带领大家做梳理时会发现，很多人其实都有自己的愿景、使命、价值观。在这个基础上，我会带领他们梳理出三句代表价值主张的slogan。比如，创客匠人的slogan是：打破知识的边界，让知识创造价值，让好老师走进千家万户。

用价值观赋能长期正确的事，其中一个很重要的方式，就是用价值观梳理至少三句slogan。

我想送给大家一句话：请写出你的 slogan，你先要有感动自己的 slogan，才能感动客户和你的合作伙伴。

最后，大家不妨思考一下，针对你想做的事情，你能否说出三句感动自己的 slogan？

5

第五章

搭载流量和势能，形成有长期价值的商业模式

只要设计出一套适合自己的商业模式，流量带来的结果往往让人惊喜万分。有了商业模式，才能更好地把握未来。

▶ 价值永存，流量不死。只要真的能够为他人提供价值，就不必有流量焦虑，总会有适合自己的平台，毕竟平台只是一个工具。希望大家不要因为平台而倍感焦虑，以不变应万变，看清楚自己的能力模型更重要。

▶ 流量的本质是为商业价值服务，不要为了做流量而做流量。做好价值，就等于做好流量。

▶ 做营销要通人性，起势也要通人性。通了人性之后，很多事情都会变得很简单。

▶ 长期积蓄自己的优势，找到正确的方法起势，才能更好地借势。

▶ 把一件有情怀、自己想要做的事，变成一件可持续盈利、多赢的事。

选对平台，让自己被更多人看到

现在的流量大多掌握在个人手中，但获取流量的途径，归根结底，依然是各个平台。当下，常见的平台大致可以分为两类，一类是私域平台，另一类是公域平台。

私域与公域

所谓私域，是个人拥有的、可重复并能低价触达的客户资源。它就像一个人在自家的池塘里养鱼，成本基本集中在初始阶段，需要找鱼苗、找水草，先把鱼养起来。等鱼长成并开始繁殖，就可以进行捕捞，并且可以多次捕捞，几乎零成本。这些鱼都属于个人，可以重复触达，任意取用。

私域的代表有个人公众号、小程序、微信、企业微信、微信群、朋友圈等。

有这么一句话：宇宙的尽头是直播，直播的尽头是私域。对每个老师，特别是教培行业的老师来说，如果之前做的是传统线下，他就拥有做私域的先天优势，并且更容易在直播领域占据一席之地。

至于公域，就像出海打鱼。大海的特性是鱼多，但竞争激烈，风浪也大。同样，公域里也是风急浪大，例如抖音的规则或机制，冷不防就来一波汹涌翻覆。

公域的代表有抖音、视频号、快手、小红书、B 站等。

当下，抖音是短视频界的“老大”，其最大的特点是流量大。如果认为自己能抓住流量，你就可以尝试。做抖音一般需要专业团队、专业操盘手，如果想尝试个人运营，那么你就需要先确定自己的能力足够全面，表现力、表演力、运营力等能力都能让你独当一面，这是前提条件。

因此，教培老师如果想去公域捕鱼，先问自己三个问题：

第一，你是否能像带货主播一样，具备强大的专业能力，并且有很好的直播表现力？

第二，为了被平台打上标签，获得更多流量，你能否坚持每天在公域里做 3 个小时以上的直播？能否把同样的东西讲 100 遍、1000 遍，甚至 1 万遍？

抖音中的头部老师，很多都是这么做的。有的老师早上 9 点在售课，11 点半还在售课。他们的直播规律是每 15 分钟讲一轮重复的内容，微表情、讲话的语气甚至笑容都进行过精心的设计。但大多数老师都接受不了这种格式化的模式。他们觉得，对于一名老师而言，每天讲逐字稿，讲同样的东西，卖相同的产品，实在很难自洽。

第三，你计划独自摸索运营规则，还是与运营团队合作？相对来说，公域比较专业，而且它的运营规则经常改变。自己无法驾驭时，寻求与外部专业团队合作无疑是更好的选择。

另外，需要注意的是，如果私域粉丝为零，想在公域投流量几乎是不可能成功的。因为你前期要付出很大的代价，要找运营人员，要拍短视频，要持续直播 3~6 个月，才有可能引来流量。

因此，对教培行业的老师来说，用做公域的成本去做私域，获得的收益肯定比单做公域要高得多。

有的老师也许会说，我的微信没几个好友，不知道怎么做。2015 年，创客匠人单做私域时，也有类似的困扰和问题。

当时，公司招了四五个销售员，我告诉他们，每个人的工作指标是一天加 10 个群。一个月 22 个工作日，也就是每人每月加 220 个群；每个群按 200 人算，就是 4 万多人的私域群资源。

老师也可以在线下做一些相关专业的公益讲座。比如，国学讲师可以和一些房地产公司、家装公司沟通，请他们把业主召集起来，给业主讲解户型图的风水。这就是一个简单粗暴地做私域的案例。

再则，老师还可以打磨一节 2 小时的精品课，免费到各大社群或线下论坛里分享，把自己的引流课变成别人的高质量交付课，并且在分享后留下一个钩子产品，吸引用户主动添加你的微信。

此外，老师也可以去发宣传单，吸引客户来到门店，请他们加公众号、加微信，并赠送礼品。用这个方式加人，速度也很快。

如果打定主意做公域，只要天然表现张力好，有人专门打造，又有抖音运营知识，你也可以放手一试。

当有老师问我选私域还是公域时，我会先问他有没有做过抖音，如果没有，基本可以放弃公域。长时间做传统线下教培、一场直播没做过的老师，想在抖音赚流量是非常困难的。现在入场相对晚了，赛道里已经聚集了大批专业选手。因此，是否选择公域，关键不是考察抖音之类的公域流量是否足够大，而是它属不属于自己。

如果老师下决心做公域，那么一定要抱有这样一种心态：把每一场直播当作一场演唱会，并且演唱会的频率要很高，每天至少开两三场。这时往往会出现一个比较棘手的问题：每次讲的内容都一样，老师的价值点很难被放大，因为其价值点在于他的知识体系、案例，在于他能帮助学员解决问题。

知识变现的五个层次

我常常与合作的老师讲一个观点：不要排斥公域，因为它的流量池很大，老师需要从里面获取流量，但千万不要迷恋它，一定要知道自己的能力模型，知道自己先做什么，后做什么，知道怎样才能获得最大程度的变现。

我重点和老师讲的，是知识变现的五个层次：

第一个层次，做势能、做私域。

一名之前从没接触过线上培训的传统教育行业的老师，想要短时间内在平台上获取大量的流量，这是非常不现实的。

这就像一个完全没有游泳技术的人不愿意到游泳池练习，却要到大海里游泳，这现实吗？合理的做法应该是先在游泳池里锻炼体能，练习泳姿，把基本功练扎实。有了坚实的基础之后，再考虑到大海里游泳。

做势能一定要快，必须在1~2个月内拿到结果。至于课程，可以在做势能的过程中，逐步设计出来。

第二个层次，做课程、做产品。

刚开始做线上时，很多老师最先做的事情是花费大量时间，把所有课程都打磨好。有的老师甚至先花六个月的时间去录课，花了几十万元，最后一分钱没变现，团队也因此失去信心。而且，由于课程没有经过市场验证，并不符合学员的预期。与其如此，倒不如在直播3~6个月后，再根据学员的反馈以及客户的需求，设计整个产品的框架和课程体系。

第三个层次，做管理、做团队。

在做势能的阶段，有的老师也许已经招到一两百个事业合伙人，这是团队作战的规模。老师要做好合伙人的管理，让他们赚到钱，以此激发他们的主观能动性，源源不断地带来更多新的流量。如此一来，就像滚雪球一样，公司的势能会快速提升。

第四个层次，做公域、做增量。

按照规律，在势能达到一定程度、产品线基本完善的情况下，在平台上获取百万元以上的收入，并非难事。这个时候，你就可以试着去公域里获取流量增量。

比如，在视频号做直播，私域预约人数成百上千，加上视频号推荐等量的粉丝，整体场观人数就非常可观。直播间有如此多的铁杆粉丝参与评论互动，平台推流的效果可想而知。

有些人的视频号能快速起号，就是因为他有一些铁杆粉丝，有自己的私域。进入这个领域之后，会有大几千甚至上万人关注他，他私域的初始流量足够大，能轻松形成正向循环和机制。反过来，如果本身资源差，不会开播，没有人脉，想在公域淘金，成功的可能性很低。

第五个层次，做平台、做生态。

搭建平台做知识变现不仅可以通过个人讲课直播，还可以孵化老师、弟子，一起讲课直播。这样，公司的体量会越做越大。

北京有一位做国学的老师，一年的营收可以达到 1 亿元左右。他从教直播教学技巧，到教人掌握一门国学课程，根据每个人的特性对其进行合适的定位，比如某人适合讲《易经》，某人适合讲《论语》……只要付费成为他的弟子，他就传授一项国学生存技能。到现在，他已经孵化了近 100 位老师。他的直播间是“日不落”直播间，不同的老师可以在上面做不同的直播，卖不同的国学课程。

选择好平台的方法

那么，怎样选择好的平台呢？我给大家介绍几个方法：

第一，与能力模型相匹配。

无论是做私域还是做公域，我们都要找到适合自己的能力模型。比如，懂公域最基础的运营规则、会看数据，都是与做公域匹配的能力模型。

表演张力也是能力模型之一。在公域，大部分直播带有表演的成分，做公域的老师首先得是一个好演员。有人开玩笑说，相声演员做抖音必火，因为他们天然会演，很讨喜。确实，根据我的经验，有观众缘的人可以一开始就做公域，而那些爱说教的人，在公域往往很难吸引粉丝。

第二，与学员、客户群体的相关性强。

抖音平台的各种机制都很成熟，是当下流量最大，也最适合带货的平台。

视频号是天然适合公域和私域相结合的平台。它背靠 14 亿微信流量，这波流量会助推视频号。在视频号，公域和私域可以无缝切换，这是很多人的梦想。

知识博主如果一定要做公域，可以尝试先做视频号，再慢慢转向私域，最终形成流量闭环。

如果客户里的女性偏多，你也可以尝试从小红书入手。我有一个做芳疗的客户，他在小红书上发帖子、发短视频，短时间内获取了很大流量。尝到了流量的甜头后，他又想转做抖音，问我的意见。我说，你已经小有成就了，为什么要转？你的客户以女性为主，小红书的流量适合你。在抖音，你未必能拿到结果。他采纳了我的建议，坚持在小红书上深耕，如今已经成为行业头部知识博主。

第三，不要过分依赖某个平台。

公域平台的竞争越来越激烈。所有公域流量，一定会越来越贵。

我和很多老师说过，不要过度依赖公域。能薅它的羊毛，就尽量薅。因为它的变化太快，可能薅一两年，它就消失不见了。做企业或教培的话，还是应该利用私域，毕竟私域有自己的资产和客源。

2022 年，抖音上的游戏品类推流非常大，任何一个游戏主播同时在线人数几乎都可以成千上万。创客匠人的一个游戏主播，销售教人打游戏的课程，客单价 9.9 元、19.9 元，一场直播可以达成十几万元的销售额。可是，还没兴起多久，平台流量就消散了。

这种现象与抖音的机制密不可分。抖音平台不希望一家独大，会不断地培育不同的赛道和不同的新人，让新加入的人看到希望。这就意味着，抖音每个阶段都有不同的侧重点，全品类都可以在这个池子里获取流量，只要加入这个平台，随时随地都有机会。

抖音这种公域平台是整个商业模式闭环里的一环。你可以理解为，它是一个广告场，最早投纸媒，后面投广告，百度兴起后又投竞价。抖音出现后，大家又在抖音上获取流量。

在抖音开直播，相当于做知识付费。抖音只是商业模式中的一个流量获取场。我们要拥抱它，因为短视频的流量确实大。但是，我们也要记住，它只是商业模式的一部分，不能代表整个商业模式。

新平台出现后，一定有流量优势，我们要快速、主动地拥抱它。每个平台都有各自的优势，守住自己的核心优势是重中之重。

我送给大家一句话：价值永存，流量不死。只要真的能够为他人提供价值，就不必有流量焦虑，总会有适合自己的平台，毕竟平台只是一个工具。希望大家不要因为平台而倍感焦虑，以不变应万变，看清楚自己的能力模型更重要。

最后，大家不妨分析一下，自己的能力模型是什么样的？适合做什么样的平台？

流量，把个人势能放大十倍

传统行业中，获客需要极大的成本，它常常是公司发展的瓶颈之一。但是，线上获取流量，放大个人势能，相对来说较为容易。只要设计出一套适合自己的商业模式，流量带来的结果往往让人惊喜万分。

创客匠人有一位客户，通过直播引爆产品，销售额实现了从零到上千万元的突破。

她之前从事产康（产后修复）行业。疫情期间，公司面临危机，裁减了很多员工。接触到创客匠人之后，她开始寻求转型做线上。当时，她用老公的信用卡刷了 6 万元，与创客匠人确立合作。之后，我们团队帮她做了几件事：

第一件事，重新梳理定位。

从线下转型到线上，首先要做的是定位的重新梳理。之前，她的线下客群没有清晰的画像，人群很泛。

做线上后，我们团队先把人群聚焦到家政服务员、月嫂及想从事产康事业的女性群体。接着，我们一起梳理出她公司的经营使命：用我们的双手塑造女性独一无二的美！

第二件事，设计爆款课程。

之前一直做线下实操性培训课程，转型到线上后，应如何设计线上课程呢？

通过调研沟通，我们团队决定先聚焦设计一个 368 元的线上爆品 VIP 课程，提供足够高的价值，同时极具性价比，让客户无法拒绝。为了 VIP 的权益，我们设计了八大系列课程，包括怎么通乳腺、怎么做产后修复、怎么做骨盆修复、怎么做演讲……共计上百节课。

同时，她再送给客户两天线下课。客户可以和她在线下会面，她给客户做指导，教客户一两门技术。过去线下课程可能需要上万元，如今只要 368 元，这无疑充满了吸引力。

第三件事，设计商业模式。

有了产品后，我们团队又给她设计了传承人模式，向传承人收取 1314 元的费用。因为疫情，不少人的收入都受到了影响，她为此给了客户很大的优惠——不再需要 1314 元，只要付费 365 元，就可以成为她的传承人。

同时，她还附赠 365 门售价 10 元的引流课。客户可以自由发布这个引流课，获取的利益都归个人。此外，她给传承人设置了 9 大权益，让她们不仅能学会一门技术，还能获得线上创业的机会。

第四件事，流量裂变，浪潮式发售。

我们选定的社群共有 20 多个，每个群 300 多人，总计六七千人。

这个人数没有达到预期，并不具备百万发售的条件，必须进行流量裂变。

于是，我们一起制定了目标——想方设法把群从 20 多个裂变到 200 个。我们设计了一套裂变方案，制作了一套七天引流课，只收 9.9 元。

这个方案的操作过程很简单，主要是人拉人。被拉进群的人听完七天的课程，付 9.9 元。然后，我们将 9.9 元全部返给拉他进群的人。

当然，这 9.9 元不是谁都能拿到的。想拿到它，需要满足几个条件：第一，要把新人拉进群里；第二，要把老师的私人微信推给他；第三，要把付款链接发给老师，她才会通过，拉人进群。

她的课是七天一个循环，前三天讲干货，从第四天开始，主推 365 元和 368 元的爆品课程，第一场的销售额就超过了 19 万元。通过这种模式，她在一个月的时间里裂变出了 200 多个群。看到效果如此显著，她直接把它当成常规引流手段。结果，在一年的时间里，她的业绩超过了 1000 万元。

有了这个模式，无论什么时候开营，做发售，她都可以用一个月的时间，照葫芦画瓢，重新建立两三百个群，再做一轮发售。

这个模式能把流量放大十倍，核心原因在于以下几点：

第一，定位很精准。

之前做线下时，她没有准确的定位，流量很泛。现在，专门针对月嫂、家政公司服务员这种 ToB 端渠道来做培训，定位很精准。

我们对定位人群的特点了如指掌——她们对价格很敏感，甚至一二十元都很看重；大部分人都是热心肠，会主动拉人进群。

第二，整个机制很匹配人群和定位。

很多人觉得，这个设计简直匪夷所思。为什么只要9.9元，她们就愿意帮我们推销呢？这和定位人群的收入水平有关。如果换个群体，也许就起不到这样的作用。这就是说，针对定位人群，一定要匹配相应的机制。

对定位人群来说，付9.9元听课，成本不高。想赚钱的话，就拉人进群。

更巧妙的是，我们通过365元和368元的爆品课程，把客户引到线下。这样，就有可能销售更高端的产品。

第三，裂变机制设计得相当完美。

传承机制和爆品机制，我们都设计得相当完美。客户花365元，不仅成为传承人，能学到线下的一两门技术，还能获得线上365门引流课，一旦实现销售，又可以从中获利。这么多的权益和福利，客户是很难拒绝的。

也有人会担心，这样做成本会不会太高？答案当然是否定的。原因如下：

首先，这个课程可以批量交付，多一个人参加，无非就是加一个座位。100个人报名，就可以100个人一起开一场课。

其次，想在线上销售价值几千元、几万元的课程，相对比较难。但线下，通过现场模拟、演练、实操，客户可以立刻学会一门技术，这种体验感很棒。参与线下的人越多，卖出高客单产品的希望越大。

具体来说，怎么做才能通过流量放大个人势能呢？这里提供几种方法。

用产品板块打通平台

就产品板块而言，我们设计的整个产品体系要能把所有平台打通。创客匠人提倡的是全链路打法。所谓全链路，就是要具备所有能触达客户的营销场景。

通过创客匠人这个平台，用户既可以在私域，如公众号、小程序、视频号小店观看课程，也可以在公域，如抖音知识店铺、快手知识店铺里观看课程。一门课程上传之后，很多平台都会进行展示。这就是全链路打法。

要打造一个全链路的流量生态闭环，主流的搜索场景和流量所在的场景都是需要考量的因素，要考虑如何更好地呈现产品。一家成熟的公司不一定要在这上面投入大量精力，但这项工作是必须做的。

在营销板块，切记一步步来

在营销板块，无论是私域还是公域，都应该有侧重点，要一步步来。一定不能有排斥情绪，只要有能力，任何人都可以做出尝试。

比如，私域已经做到头部，你就可以尝试在公域做一些补充。如果具备拍短视频的能力，你不妨试着发布短视频，获取一些天然的流量。

现在，我会请别人给我拍短视频，因为客户的习惯已经从原来的阅读文字转变为现在的看短视频。短视频时效性更强，感情更丰富，且有利于展示你做的究竟是什么工作，你的 IP 是如何构建的。

主流的内容媒介形态，任何人都要及时跟进和拥抱。我带领的许多客户，我都是先教他们做私域，等他们起势后再推荐他们拍短视频、做视频号、做公域。

如果创客匠人做不过来，我们会推荐给第三方机构合作，付费请他们打造。这些事情，创客匠人一定会带客户去做。

全链路板块的整合打法

整合打法是一种性价比更高的获流方式。

创客匠人有一个子店铺的功能。购买创客匠人的一个系统，就可以开无数个分网站和子店铺。每一个子店铺都可以当作一个卖点，去整合自己的异业联盟。

什么叫异业？比如，一位舞蹈老师开了一家舞蹈室，周边有很多机构，教绘画的、教大语文的、教作文的、教轮滑的、教跆拳道的，等等。这些机构的客户群体是一样的，他们相对彼此来说，就是异业。

这位舞蹈老师可以通过子店铺的功能建立异业联盟，从而获取更多流量。比如，他可以把子店铺销售给教跆拳道的老师，用户购买一门售价 980 元 / 年的跆拳道课程，可以同时获赠价值上万元的线上舞蹈课程，以此实现异业整合。这就是把其他机构整合起来，让别人的流量为己所用。

这种方式还可以将不同科目的老师整合。让老师入驻平台，他可能觉得自己在为平台打工，积极性不高。如果给老师做一个专属网站，他所有的课程都能在上面呈现，他则认为自己是为自己工作，肯定愿意全力以赴地做。这就相当于把老师更好地整合了起来。

可见，整合的前提是要利他，先满足他人自我价值的实现，再顺其自然地获取流量，放大势能，最终实现自我价值。

通过流量把一个人的势能放大，从道的层面，我还有几条基本心法：

第一，基础的事情，自己要先做好。

需求发掘得到位、定位人群抓得准，这是获取流量的基础所在。自己的目标清晰，才能帮助别人看到清晰的目标，才会有人被吸引过来。从更高的维度看这个问题，就是自己要先想清楚，在做的究竟是什么事情。

第二，不要陷入流量焦虑。

所有的流量焦虑都是价值焦虑。如果只是为了做流量而做流量，却看不到流量的价值，就很可能陷入焦虑。切记一点，流量的本质是为商业价值服务。坚持这个原则，才能无限放大势能。

第三，流量的来源是多渠道的，公域不是唯一的答案。

获取流量，你可以在公域里做，但这只是一个渠道而已，还有很多做私域流量的方式。首先要确定自己的能力结构，能创造什么样的价值，再去选择适合自己的渠道。

第四，思考自己能为客户提供什么价值。

如果只看流量，就相当于把人当数字看。其实，应该反过来，学会把数字当人看，看到流量背后的价值。大家都在说，内容即流量。产出好内容是获取流量的一种方式，但内容背后更需要思考的，其实是自己能为客户提供什么价值。

第五，做流量要有品牌思维。

做流量是一个系统工程，需要时间的积累和长期的坚持。带着品牌思维去获取流量，会吸引更多的铁杆粉丝，得到他们长期的支持和拥护。

只有长期经营好客户，长期经营好品牌，才能长期经营好流量。

说了这么多与流量相关的话题，我想送给大家一句话：流量的本质是为商业价值服务，不要为了做流量而做流量。做好价值，就等于做好流量。

最后，请你想一想，问一问自己，你在为流量焦虑的时候，焦虑的到底是什么？

从 0 到 1 快速起势的基本方法

除了流量获取方式的不同，传统行业和新兴的互联网行业在运营模式和方法上也有一些区别。很多人在转型过程中，难免遇到形形色色的问题。

从线下转型线上，老师普遍面临的问题

很多传统线下老师刚转型线上时，普遍会面临三个问题：

1. 不知道从哪里入手

2016—2018 年，创客匠人只聚焦于为老师提供 SaaS 工具。后来，我们发现，很多老师有了工具之后，依然做不好线上，或者迟迟不采取行动。

和他们进行深入的沟通之后，我们了解到，虽然创客匠人的工具非常便捷，但他们不知道从哪里入手，没有方向和思路。毕竟可用的平台不止一家，是先做抖音，还是先做视频号？是先做公域，还是先做私

域？他们不知道如何选择。

此外，市面上的某些团队会给老师开出极具诱惑性的条件。比如，做抖音运营的团队会告诉他们“你做抖音，我给你打造包装”；做视频号运营的团队又告诉他们“视频号更容易起量，你做的话，我给你提供支持”。

很多传统行业的老师对此都不甚了解，很容易被迷惑，陷入进退两难的境地。

2. 不知道讲什么

线下和线上的运营模式不同，老师能讲的内容也会有所差异。很多老师转型线上之后，都有一个很大的困惑，那就是不知道自己讲什么。

关于这一点，老师的困惑主要分三类：

第一类，我以前是做传统线下的，把线下课的模式搬到线上行不行？

第二类，我的课程实操性很强，在线上能不能进行实操？

第三类，我的课程品类多且杂，究竟应该聚焦于哪门课程？

3. 不知道自己行不行

很多老师没有形成自己的方法论，讲课的时候明显缺乏底气。他们不知道自己行不行，看不到未来的发展，自然无法产生信心。

比如，他们会担忧：没有专业团队，没有做过线上课程，连直播的基本要求都不知道，我到底行不行？

还有一些老师只是陷入空想中，半年、一年过去了，却没有采取任何行动。这显然是很大的问题。

了解到老师的主要问题后，创客匠人意识到，要推出一套方法论，快、准、狠地消除老师的顾虑。

首先，要让老师快速动起来，动起来才有希望。大多数传统线下转型线上的老师，第一个想法就是录制课程。可由于没有经验，他们很容易走弯路。我们团队会指导老师绕过这个环节，先行动起来。

其次，要带领老师快速拿到结果。创业、转型时，能快速拿到结果，对自己和团队树立信心是很重要的。如果做了很长一段时间，还拿不出结果，即便再好的规划，团队都可能没有信心坚持下去。

最后，从长期思维来说，要先把底层架构设置好。在创客匠人的方法论里，最先做的就是搭建整个商业模式架构，以免做到一半，突然发现模式有问题，再去调整。这样会白白浪费很多工夫，形势也很难逆转。

结合老师的需求和痛点，我们可以总结出不同的能力模型。老师找到自己所擅长的，就更容易转型成功，拿到结果。

拿结果的三个维度

对想和创客匠人合作的老师，我们都会让他们认真思考一下：如何才能快速拿到结果？想拿到什么结果？

一般来说，我们会把拿结果分为三个维度：

1. 最实在的，收到钱

老师讲课一方面为了传播知识，另一方面为了养家糊口。能挣到钱，是老师能拿到的最实在的结果。

老师并不急着快速变现成百上千万元，但至少要在一个月内实现一二十万元的收入，借此树立起强大的自信心。

2. 组建团队

拿到一定的结果，老师的业务量就会随之增加，此时，老师应该考虑的是组建自己的团队。

这里所说的团队，不是通过人员的大量招聘组建起庞大的组织团队，而是搭建营销团队、合伙人团队，是虚拟组织。

比如，老师用一个月的时间起势，找到 100 个事业合伙人，就相当于招到 100 个不用付薪水的销售员。

3. 客户势能

老师经营一个月，基本能收获一二十万的私域流量。有了这些私域流量，客户势能就有了，对快速获得结果有很大帮助。

IP 私域变现起势 5Z 方法论

在三个维度拿到结果，基本就已起势。接下来，我给大家介绍一下创客匠人常用的 IP 私域变现起势 5Z 方法论。所谓 5Z，就是五个“做”：

1. 做定位

我很确定地说，老师出现的所有问题，比如做不好线上、课程销售不出去、商业模式持续性不强等，源头都是定位不清晰。

大多数老师往往会从个人角度思考定位，自己会做什么、能做什么，并在此基础上确定自己的定位。其实，做定位时更需要逆向思维，思考客户定位在哪个人群，自己能满足他们哪些需求，解决他们哪些痛点。

在这个人群中，不同的人有不同的需求，所有的需求加起来可能有

1 万个。这时，你要思考自己的价值主张是什么，想主抓的两三个痛点是什么，其中就包括对愿景、使命、价值观的定位。这看上去或许有些虚无，但很重要。定位之初，一定要确保正确的愿景、使命、价值观。这是一切工作的前提。

2. 做爆品

做完定位之后，要进行的另一项工作是在最短的时间内设计一个爆品，用于售卖。

什么是爆品？在创客匠人的定义里，爆品要符合三个条件：第一个，好卖；第二个，好转；第三个，好交付。

与爆品相关的内容，前文已经做过详细的阐述，这里不再赘述。

3. 做模式

爆品设计完成之后，想要取得良好的销售业绩，一定要有强大的商业模式支撑。常规的线上销售模式可以分为两类：第一类叫零售，第二类叫渠道。

所谓零售，就是一对一地销售，靠客户推动客户。这种方式的力量非常有限，基本符合 1∶5 定律——平均每个客户能带动的客户数量最多就是 5 个。也就是说，如果老师线下有 1000 个粉丝，转到线上之后，粉丝上限就是 5000 个，再往上就要顶到天花板了。

所以，做知识付费的老师一定不能总是依靠零售，而要有自己的渠道。什么是渠道？就是有一套商业模式和团队，通过他们去做裂变。

我们常说，做到百万元业绩，可以靠个人能力；做到千万元业绩，则必须靠商业模式和团队。

躬身入局，制作课程、销售课程、吸引粉丝。课程精彩，销售能力又强的话，做到百万元业绩问题不大，但要轻松做到千万元业绩，一定要有团队。这个团队可以通过外部招聘来组建，也可以是合伙人团队、代理商团队。

4~5. 做流量、做发售

产品设计、模式规划之类的基础工作完成之后，下一步的工作是盘点资源，做全流程发售。这时，我们团队会思考，老师的一度人脉有哪些？私域流量有哪些？如果一度人脉不够，私域流量不够，老师应怎么去弥补？弥补的方式有哪些？要弥补到何种程度再开始做发售？

创客匠人有一整套打法，会一板一眼地教给老师。

首先，我们团队会带领老师盘点资源，做客户分类。

其次，我们团队会花 15 天时间，带领老师设计整个发售流程，其中包括：盘点资源；梳理预热 7 天中需要做的事情，设计预热话术和图片；直播前，何时做直播演练，何时做直播测试——在正式开播的前三天，一定要做一轮演练，带老师全流程预演一遍，防止意外发生；直播时，话术的脚本如何设计，几点到几点发福利、发几次，如何做直播邀约动作，如何发福袋，在哪个时间点成交，老师的愿景、使命、价值观、故事如何设计，成交几轮，要不要和客户连麦……一整套流程全部完成之后，就形成创客匠人为老师设计的发售流程。

最后，完成发售流程之后，创客匠人会有专人带老师做一轮复盘，看看哪些地方需要改善，并给出相应的方案，同时确定下一次的发售时间。

使用 IP 私域变现起势 5Z 方法论的注意事项

那么，从 0 到 1 的 IP 老师，在用 IP 私域变现起势 5Z 方法论的时候，应该注意些什么？

第一，转型线上背后的底层逻辑。

IP 私域变现起势 5Z 方法论有三个非常重要的底层逻辑，就是快速行动、树立信心、快速拿结果。这个底层逻辑搭好之后，无论是用 5Z，还是用 6Z，抑或是用自己的方法，都可以。创客匠人不过是给大家提供一个可依赖的路径而已。

这个路径是线上做知识 IP 通用的方法和底层逻辑，也可以说是从 0 到 1 做 IP 的一套底层框架。

为什么说它是底层框架？

大多数人做线上，面临两个问题：第一，没有线上课程；第二，没有信心，很迷茫。

IP 私域变现起势 5Z 方法论就是为人们提供的一套能快速绕过录课环节，快速提升信心的可复制的方法论。按照这一方法论，每个人都可以拿到结果。

当然，我们从不怀疑老师一上来就做课，花两三年时间，也能做出精品。但不是所有人都能成为才华横溢的凡·高，生前默默无闻，离世之后才被大家发现他的与众不同。一个普通人转型线上，肯定希望得到正面反馈。单纯从商业逻辑来思考，一定需要快速行动，快速拿到结果。

第二，所有后端模式，都是围绕客户需求设计的。

创客匠人一直强调，好的产品和商业模式一定是以满足客户需求为基础的。

在我们的平台上，有一个讲书法的老师。他做线下时，有几十家加盟商，业绩很出色。

可是，疫情来临之后，线下活动遭遇了前所未有的挑战。他很担心长期无法开课，会产生大量的课程退款。

怎么办？我们团队给他设计的方案是：把课程转到线上，两节线上课抵消一节线下课。而且，等到疫情结束，线下课恢复之后，孩子愿意的话，还能继续在线下学。

这就相当于把线上课当作福利赠送给家长。家长省了钱，还有老师给孩子上网课；孩子减少了封闭中的苦闷，还增加了学习机会；加盟商减少了退费的困扰，能够更长期地合作；想要推广的人可以发朋友圈、发群消息，一旦有人买了课程，可以获取相应的提成……

这个方案可谓一举多得。所以，在那个特殊的时间节点上，他快速产生了影响力。

天下武功，唯快不破。快速起势，同样重在一个“快”字。谁能快速获取流量，抢占市场，谁就掌握了先机。

在这里，我送给大家一句话：做营销要通人性，起势也要通人性。通了人性之后，很多事情都会变得很简单。

最后，大家不妨思考一下，在转型做线上的过程中，你的优势是什么？

通过借势，快速形成势能

创业多年，我的一个深刻体会是：真正有本事的人，都懂得顺势而为。

所谓顺势，一方面是顺大势，另一方面是借趋势。《孙子兵法》里，有一篇专门讲到势，它在战场上能发挥效用，在商业世界里也一样。想形成自己的势能，一定要顺势，要借势。

比如，如今的知识付费行业，做线上是一大趋势。2023—2025 年，每一年可能还会有 30%~50% 的递增，这就是一个肉眼可见的良好趋势。做私域，也是当下比较热门、比较向好的趋势。看到趋势，我们要顺应，要踩准时间点，要快速加入其中。

想要更好地借势，必须掌握三个核心。

第一个，顺应大环境的势能。

2020—2022 年，一波很大的势能形成，那就是客户养成了线上学习的习惯。如果老师只是继续深耕线下，拒绝参与线上教学，就是与趋势背道而驰。想要借势，首先是不能违背大趋势，必须顺应这种势能。

第二个，造势。

顺势而为至少可以保证不被趋势淘汰，但想要成功借势，造势必不可少。社会关系的本质是价值交换，只有自己有了势能，能为别人提供价值，才有可能吸引同样有势能的人，实现互为势能。

第三个，借势。

势能达到一定的高度之后，身边都是势能极强的人，此时是借势的好时机。跟着势能强劲的人学习，成长的速度更快，获得势能的成本更低。

那么，我们应当如何通过借势来做长期正确的事呢？

人本身是有底层价值的

借势的底层逻辑，在于价值的放大。人本身是有底层价值的，价值在哪里？有多高？判断标准很简单：

第一，为什么做这件事？做这件事的发心是什么？是要持久地做一件事情，还是想“割点韭菜”就跑？

第二，能不能真的为别人解决问题？

自己的底层价值是自身势能的绝佳体现。凭借自己的一度人脉，把这些人的势能借过来。这部分势能可以形成正向循环，从而聚拢起一群更优秀的人。循环往复，个人势能就会不断被放大。

不要过度透支自己的信用

很多人借势，习惯于不断地“刷脸”。其实，每一次“刷脸”都是在消耗自己的价值和信用。这种做法是不可持续的。

借势不是单纯为了流量，而是要知道自己的终极目标是什么。商业变现的核心价值是为别人提供价值和帮助，绝不能本末倒置。以知识付费为例，其终极目标应该是帮助别人，通过育人来传播知识。

所以，可持续地借势不是“割韭菜”，而是真真切切地帮助他人实现价值。这样，势能才会进一步被放大。

抖音上的一些知识博主很会抓趋势热点，经常更换产品，而且速度极快。ChatGPT 火了，就制作一个 ChatGPT 的课程；元宇宙兴起，就制作一个元宇宙的课程。这种做法表面看来是在借风口的势，实际上是在消耗人脉、消耗别人对他的信任。

这种老师可能口才的确很好，整体形象也很好，积累了很多人脉，可以通过这种形式一茬一茬地“割韭菜”，赚到一些钱。但是，这种方式肯定不长久。

我比较倾向于知识博主深耕自己的领域，至少在一个领域里沉淀一两年。哪怕当下没有足够的沉淀，也要告诉自己，在未来的三五年时间里，一定要坚持做这件事情，要有工匠精神。积累到一定的程度，再去借势，会收获更大的能量和更高的效益。

从长期的角度看，借势是一个不断积蓄势能的过程。借的时候，时机很重要，要集中到某一个点上发力。蓄势和起势等基本功做好了，借势就是自然而然的事情。

借用专业人士的势能

这个时代，分工越来越细，对专项能力的要求越来越高。让专业的人做专业的事，借用专业人士的势能，是一个事半功倍的方法。

第一种，找价值观同频的行业大咖，借的是品牌势能和他背后的流量势能。借行业大咖的势，树你自己的品牌。比如，和大咖直播连麦，吸引大咖背后的资源和粉丝，这就相当于让大咖为你引流。

第二种，找自己比较优秀的学员，连麦借势。你的学员基本上对你非常认可，是你的最佳销售。他帮你做销售，比你王婆卖瓜、自卖自夸要好，更能提高转化能力。而且，有些学员本身悟性、天分比较高，他本身也有势能、有流量。

第三种，写销售信，或者拍爆款短视频介绍自己，或者借助热点，借朋友圈的势。比如，经常有人让我帮他转发销售信，态度很诚恳。不转发的话，我都觉得对不起他。这种借势要把姿态放低一点，同时不要指望所有人都会帮忙转发，10% 的转发率就是很了不起的成绩。

第四种，借自己团队或者合伙人的势。这样的势能最好借，如果再提供一些收益，就更好借了。如果有三四百个合伙人愿意借势给你，那你的势能会快速提升。

我开视频号直播前，会让一些老客户、老师预约，这些人加起来就能过百。有了这个基础，视频号会再推送给 100 个人。那么，一场直播做下来，场观人数很容易就能破千。

每个人都有独特的核心优势，和专业人士合作，就是优势互补。他做得更专业，就交给他去做。事必躬亲，反倒容易削弱自己的优势。

在此，我想送给大家一句话：长期积蓄自己的优势，找到正确的方法起势，才能更好地借势。

最后，请大家思考一下，你的每一次借势，真的能做到互为势能吗？

形成有长期价值的商业模式

谈到有长期价值的商业模式，就不得不说大多数老师转型不成功，或者对未来很迷茫，很重要的一个原因就在于他们没有考虑清楚定位和商业模式。

营销专家西蒙·斯涅克提出过一个黄金圈法则，三个圈层从内到外分别是为什么、怎么做、做什么。遇到任何问题，大家都可以从这三个维度进行剖析。

从实际情况来看，大部分人很清楚最外面的一个圈层，也就是做什么。至于怎么做，为什么做，他们却不是很清晰。

也许他们偶尔会在内心问一下自己，究竟为什么要这样做？但他们却没有把它梳理成体系化的内容，缺乏以终为始、倒推客户需求的思维。

有些老师内心情怀很多，却只是凭空臆想，无法与客户产生共鸣，只能感动自己。真正的情怀永远不是感动自己，而是感动客户。

回到现实生活，不仅要有感性的一面，也要有理性的一面。有了商业模式，才能更好地把握未来，只有情怀一定走不远。

想要形成有长期价值的商业模式，我有几点建议。

强大自己，成为超级个体

刚开始，个体户肯定没有太大的势能，只能先尝试自己做，让自己强大起来。

与此同时，要保有星辰大海的心，要有搭建团队的梦和方向。毕竟，未来发展到某个阶段，必然要靠团队的力量。

如今，大家都强调超级个体。一个超级个体想要盈利百万元，基本可以实现；想要盈利千万元，就要依靠团队的力量。毕竟，一个人的能力始终有限。

有人可能要反驳：很多超级主播，不都是一个人做直播？他一个人出镜，是大家有目共睹的，但大家看不到的是他背后强大的运营团队和庞大的供应链团队。

因此，设计商业模式不仅要脚踏实地，也要抬头看天。一定要有一个更高远的梦，清楚地意识到，未来要做大、做强，一定要靠团队。

当然，也不能从一开始就执着于建立庞大的团队。不想当将军的士兵不是好士兵，但将军也必须从基层士兵做起。这才是真正的以终为始。

大道至简，逐步迭代

确定商业模式是一个逐渐迭代的过程。创业之初，商业模式切忌过于复杂。

正所谓大道至简，越简单的模式越容易成功。先设计一个大致框架，在做的过程中逐步优化、迭代。否则，注定要失败。

像创客匠人的系统方法论，其实就是 S2B2C 模式，把渠道搭建起来，把爆品设计出来。

特别是刚刚起步时，资源、力量都十分有限，必须聚焦在一个点上。很多老师却反其道而行之，先把系列性课程全部开发完。他们觉得，产品越多，品类越丰富，越能满足客户的不同需求。

客户的需求确实多种多样，但仅凭一己之力，想要满足所有需求，无异于痴人说梦。实力不足，还想广撒网，最终必定一无所得。倒不如力出一孔，全力聚焦于一个领域。比如，帆书（原樊登读书）就聚焦于读书，到目前为止，大约 90% 的营业额来自会员和代理商。

从长期多赢的视角看商业模式

大部分 IP 老师可能都不清楚自己的商业模式，更不知道什么样的商业模式适合自己。

要判断一个商业模式是不是适合自己，在合规的基础上，有三个核心诉求：能不能赚到钱、能不能形成多赢、能不能持续。如果这三个核心诉求都是肯定的，这个商业模式就是有价值的、值得推广的。

1. 能不能赚到钱

做商业，没有人不想赚钱。一个不赚钱的商业模式注定无法长久存在。

大家都知道，就商业模式而言，免费获客的速度更快。但如果免费，流量一旦爆发，很可能带来高额的成本和负债。创客匠人每年收取服务费，就是为了平衡流量增长之后带来的各项成本。

设计商业模式时，要遵循一些原则，但也不排除可能会打破某些行业规则。比如，想要获客，就给客户补贴，这是市面上很流行的商业模式，所有大厂都在往这条路上靠拢。

2. 能不能形成多赢

赚钱很重要，大家都能赚钱，实现多赢更重要。

为什么说多赢很重要？

首先，这是在帮老师降低成本。如果老师不与创客匠人合作，而是自己开发一套产品，成本会是现在的10~20倍，并且很浪费时间。

其次，创客匠人不仅给他们提供工具，还带领他们设计整个商业模式，实现商业变现。老师和创客匠人合作，不仅仅是购买了一个冰冷的工具，更重要的是购买了一套商业方法论。老师只要按我们的方法做，回报比会非常高。

比如，老师付费4万元，一个月后就可以获利10万元、20万元。这对老师来说绝对是一个互赢的选择。

对 C 端客户来说，这也是一个赢的机会。老师通过这种模式做课程，把价格定得足够低，对 C 端客户也是一种“赢”。

3. 能不能持续

一家公司如果只追求把产品卖爆，完全可以一次消费，终身免单。但是，这是短视的做法。想要持续，视野就要长远一些。创客匠人收取年服务费、流量费，就是想要长久地赚钱。

一方面，所有商业模式都必须考虑长期性，要多赢、持续地挣钱，而不是囿于公司小、业务少，暂时不收费。免费引流的做法，5 年、10 年前是走得通的。但现在，免费时代已经过去，这条路走不通了。

另一方面，商业模式不能“割韭菜”，这是不健康的运营方式。创客匠人从不“割韭菜”，因为客户要持续续费。如果我们第一年“割”了客户，第二年他们就不会续费了。创客匠人不会冒这样的风险。而且，服务成本是远低于营销成本的。开拓一个新客户，所需成本是维护老客户的两倍。这样算起来，显然是维护老客户更划算。从这一点说，创客匠人也不能“割”客户，第一年帮客户做好，第二年他们会主动续费。做长期正确的事，自然而然会倒逼我们，让我们做该做的事，长期持续获利。

在此，我想送给大家一句话：把一件有情怀、自己想要做的事，变成一件可持续盈利、多赢的事。

最后，大家不妨问问自己，你能持续为哪些人创造何种价值？自己又能获得哪些回报？

6

第六章

顺应趋势，将长期正确的事进行到底

我们做任何选择时，都可以借助良知找到答案。是非对错，人人心中早有答案。我们要做的，是把表层的灰尘擦干净，看到事情的本质。

▶ 人在面临趋势的时候，可能有些方面会被替代；但从短期来看，人的思想、情绪价值、感染力、品牌、品格，是无法被替代的。

▶ 要不断地探索自己的内心，寻求自己的人生观、价值观，勇敢地做出正确的选择。

▶ 立志、勤学、择善、改过。做热爱的事，首先，立志，有目标；其次，通过勤学努力实现自己的目标；再次，在努力的过程中，要选择至交好友、益友，与他们同行；最后，要懂得及时改错，让自己更优秀。如此，才能让自己的情怀落地。

▶ 有时候，遇到小的恐惧、担忧和自我怀疑并非坏事；不经历练，下次遇到的可能就是更大的恐惧、担忧和自我怀疑。

▶ 一个人能够持续顺势而为，拥抱未来，关键就在于保持好奇心。

趋势中不变的东西

互联网是一个快速发展的行业，从诞生到普及，迄今不过五六十年。当下我们能预见的，如人工智能2.0，以ChatGPT为代表，它的发展速度将比互联网更为迅猛，尤其是达到一个临界点之后，它的发展速度将远超今日之想象。

这样的快速变化也体现在互联网行业的工作岗位上。比如，互联网工程师、程序员、技术人员，他们的岗位迭代相当迅速，他们使用的语言，如vb、c++，平均每两三年就面临一次迭代。因此，互联网行业的从业者需要不断地学习、进化。

基于整个生态大环境的变化，我们周边的一切都在改变。作为身在其中的从业者，我们必须相应地做出改变。

很多人都在努力适应环境、追赶趋势，但同时，人们也担心自己被人工智能替代。这种担忧并不可取——工作岗位也许会被人工智能替代，但是人的特质，机器永远无法取代。

比如，一个知识博主，他的品质、性格、人格魅力以及散发出的精神、对他人的影响力，在短期内，人工智能是很难替代的。

那么，如何在当下的趋势中找到这些不变的特质？我分享一些我的经历，给大家一点启发。

致良知，价值观体系不会变

致良知可以衍生很多底层价值。我们做任何选择时，都可以借助良知找到答案。是非对错，其实人人心中早有答案。我们要做的，无非是把表层的灰尘擦干净，从而看到事情的本质。

在经营企业的过程中，创客匠人有一套自己的价值观体系。我们一直提倡“三赢”——社会赢、客户赢、企业赢；我们一直坚持围绕客户价值，去做改变、做应变、做变革，或是做升级、做迭代、做转型；我们坚守自己，助力员工成功，实现员工物质、精神双幸福；我们与他人合作，坚持以诚信、利他、感恩的心态，与对方平等友好地相处。

创客匠人所有的价值标尺，都以这些“坚持”“坚守”为中心、为基础，并且始终未曾改变。

以员工的物质、精神双幸福为例，创客匠人员工每年年终奖金额不低于几百万元。

2020—2023 年，公司处于艰难时期，我私下了解到，员工对于年终奖已不抱希望，也能理解公司的苦衷。但是，创客匠人始终站在员工的角度，只要没有出现巨额亏损，即便困难重重，我们依然照常发放了年终奖。

正因如此，在那段时间里，创客匠人的核心员工基本没有流失。而且，公司非但没有裁员，反而招聘了许多新人。

当然，商场本身充满了不确定性。比如，一个顶尖销售这个月能完成 20 万元的业绩，下个月还能完成 20 万元甚至更高的业绩吗？这是不确定的。

但是，一个顶尖销售一定有其不变的特质。比如，他会有一套自己的方法：想做到 20 万元的业绩，那么，每个月需要开发多少新客户，需要发多少封销售信，需要和客户保持怎样的沟通频次？按照这个数据倒推，月底基本可以完成 20 万元的业绩。

这就是把不确定变成确定，把普遍的变成自己的、特有的。

我始终坚信，在商场中，只要找到一个符合社会价值、客户价值，同时能够使企业有利润的赛道，并长期坚持下来，就一定能等到花开的那天。

时刻遵循第一性原理

第一性原理是所有事物发展的底层逻辑，阐述的是最本质、最本真的内容。

比如，商业本身是要盈利的，不以盈利为目的的商业毫无根基可言。想要盈利，在商业合作中，就要诚信利他；与人相处时，尽量不给别人添麻烦，更要有感恩之心。这样看来，商业的本质就是利社会、利客户，这就是底层逻辑，就是第一性原理。

倘若想在工作实践中判断自己有没有遵循第一性原理，有一个窍门：面对一个问题，如果想不清楚，就不断往下探究，想想这个问题的根本是什么。

比如，十几年前，我在做销售时常常会想：为什么每个月的业绩总是不稳定？业绩到底由什么组成？我怎样才能让它具备确定性？

往下探究，我发现了关键数据的规律：业绩好的阶段，打电话的数量是多少，添加新微信的数量是多少，达成合作的客户数量又是多少。我把这些数据做成了表格，每个月都复盘和总结，慢慢就归纳出了业绩好坏的规律。

面对问题时，如果找不到正确答案，一定要及时转换思路：也许答案根本不在当前的思考层次上，而在一个更深的层次上。

比如，你和某人产生了矛盾，一直找不到调和的办法。那么，你不妨往更深的层次思考：他真正的需求是什么？一旦找到对方的需求，矛盾就迎刃而解了。

提升认知维度，看到不一样的世界

认知对每个人来说都很重要，特别对知识博主来说，更可谓安身立命的“饭碗”。所以，提升认知维度，也就成了当下每个人，尤其是知识博主的必行之事。

提到升维，我想到了近来很多人都在讨论的量子纠缠理论。这一维度对大部分人来说都很费解。

所谓的量子纠缠理论，大致就是一个平行宇宙的概念—— 一个粒子发生变化，另一个平行宇宙的粒子也会跟着发生变化。

这个世界分为一维、二维、三维……直至十一维，人类是三维物种，现在能看到的是三维世界；有的物种则是二维或一维物种，永远只能看到二维或一维世界。

一维物种是一个点，位置始终固定，永远去不了其他地方。二维物种处于一个平面上，无法超越平面移动。就像一枚硬币，有正反两面，二维物种处于其中一面，永远到不了另一面。如今，人类飞不出银河系，飞不出宇宙，觉得宇宙无穷无尽，但其实只是所处的维度不够高而已。

除了平面概念，三维还融入了高度的概念，形成了立体空间。二维物种永远到不了硬币另一面的问题，对身为三维物种的人类来说根本不成问题。人类从一面到另一面，不费吹灰之力。

四维增加了时间轴的概念，即时间可以后退到过去，也可以前进到未来，就像我们观赏影片时可以随意调节时间轴，前前后后，变快变慢。不过，四维虽然可以改变时间进度，却无法改变电影的内容，即已发生的事情。

在四维世界里，我如果想回到小时候，只要把时间轴往后拉一下，就可以实现。但想实现时间倒流，就必须超过光速。对处在三维阶段的人类来说，这几乎难以实现。而对于四维物种来说，这种“时光操纵”

就像我们操纵电影进度条一样简单。

五维不仅有时间轴的概念，还多了平行空间的概念。例如，18 岁时，我没有考上大学，我可以把时间拉回到过去，用心读书，就此改变人生轨迹，在另一个平行宇宙里，会出现另一个考上大学的我。

至于六维、七维、八维，乃至更高的维度，大部分人现在理解起来很有难度，往往不知所云。

人的维度不同，认知不同，能看到的变化也会有所不同。或者说，面对同样的事物，每个人接收的信息千差万别。很多我们认为做不到的事情，对于高维的人来说，都很简单。

因此，知识博主需要不断地通过学习进化，来提升自己的维度，为更多的学员赋能。维度足够高，给学员的价值才足够高，这也是另一种意义上的“降维打击”。

送给大家一句话：人在面临趋势的时候，可能有些方面会被替代；但从短期来看，人的思想、情绪价值、感染力、品牌、品格，是无法被替代的。

对老师而言，尤其要珍惜自己的品格、形象、表演力和情绪力，它们将是未来迭代的方向。

最后，大家不妨问问自己：遇到过哪些认知维度比较高的人？他们的认知维度高在哪里？

关键时刻的关键抉择

很多人是为了创业而创业，而我则不同——我选择创业的理由很简单：因为别无选择。我的大学专业是生物制糖，除本专业外，求职应聘非常困难。想要在城市立足，我就只能强迫自己跳出来，试试看。

当初，如果我能找到一份合适的工作，决不会选择创业。毕竟，那时我的格局、维度没有那么高，要求也没有那么多。可以说，创业这个抉择，并非我的本意。

在我的人生经历中，有过几次关键时刻的关键抉择：

第一次关键抉择：读书时，内心有一个声音在呼喊——要走出这座大山，要让家人过上更好的生活。

自我小时候起，我的父母就经常且善于为我提供情绪价值。他们始终支持我的选择，哪怕我高考的成绩很不理想，他们也没有过多抱怨，只是默默地鼓励我。他们的做法对我的性格产生了极大影响。

第一次高考失利时，父亲对我说，你要么好好读书，要么跟我回去务农。我能听出他的良苦用心——他不是为了让我吃苦，而是为了让我感受一下，不好好读书的话，做农活有多辛苦。

对我而言，那是一次关键抉择。它让我的视野变得更开阔。后来，我努力复读，再一次参加高考，最终成功走出了大山。我走进大学校园，周遭环境发生了巨大的改变，接触的人的层次也截然不同。

第二次关键抉择：走出工厂，为了成为更好的自己。

毕业后，我被分配到工厂工作。我先是在云南与缅甸交界的临沧市双江县工作了一年，又转到了广西河池的一个小工厂，工作了一两年。

之后，我去了一线城市杭州。但正如我前文所述，我的专业比较冷门，想在杭州立足相当困难。选来选去，我只能到保险、咨询、培训类的公司工作。

庆幸的是，在一家咨询公司，我找到了自己期待中的工作。第一次面试时，我很早就到了公司，看到了一个令人向往的情景：公司里的人几乎人手一本书，在一排镜子前晨读。我当时就觉得，这家公司太让人期待了，在这里不仅可以赚钱养家，还可以实现自我成长。

我顺利通过了面试，成了一名销售员。可惜的是，我在这家公司只工作了一年，它就开始走下坡路了。

尽管只有一年，但那段经历对我的影响十分大。最明显的影响是，我的思维有了很大改变。这家公司的主要业务是为企业做培训、做咨询，公司对内对外都在传递这样一种思维：要正向、要乐观、要坚持、要开放。

这段经历给我最深的感受是，大学就像一个温室，把学生们妥善地保护起来。虽然大学处于城市之中，可对大部分学生来说，生活的范围仅限于学校及其周边的几百亩、几千亩地，并没有太多接触社会的机会。因此，我一直认为，选择城市比选择大学更重要。

我常常告诫家里的年轻人，尽量选择北上广深等一线城市。即便读一所很普通的大学，也比在三、四线城市读一所中上游的大学收获更多。

第三次关键抉择：转型创业，并在行业中不断转型。

到这个阶段，我已经形成了自己的价值观、使命感。在持续创业的过程中，不服输的精神及自我意识在一次次关键时刻的关键抉择中，被逐渐唤醒。

一个偶然的机会，我和几个朋友聚在一起，谈到了创业的话题。当时，大家都没想明白，为什么要创业。可是大家又都觉得，既然没有选择，那就破釜沉舟，自己创业，自己挣钱，自己养活自己。

当时，我们三个合伙人，每人投资几千块钱做启动资金，主要业务是给企业做团队建设培训。之所以选择这个赛道，是因为我在之前的公司有些沉淀，了解这个行业的大致情况。

然而，不过一个星期的时间，其中一个合伙人就心灰意懒，最终与我们分道扬镳。

我和另一个合伙人没有放弃，选择继续创业。但仅仅维持到年底，我们就因为股权问题拆伙了。就这样，我的第一次创业只坚持了半年左右，就草草收场。

但是，它开启了我的创业之路，也是我之后一系列创业、一直走到今天的源头所在。我一次次地转型，一次次地坚持，都因第一次的被迫创业而起。是它，彻底改变了我的人生。

回头来看，我的很多选择都是迫不得已之下的无奈之举。不过，关于关键时刻的关键抉择，我还是有一些经验想分享给大家。

遵循内心做选择

每个人对成功的定义都不一样，活法也都不一样。在做选择时，每个人都要遵循自己的内心。至少我认为，从工厂里走出来，创业到今天，这是一个正确的选择。

当然，创业并不是唯一的选择。我的一位同学，各方面条件都比较一般，且口齿不清，考试成绩平平。毕业之后，他一直在一家工厂里上班。如今，他已经是总经理了，年薪超过了 50 万元。

他自知条件不好，所以没有勇气创业。然而，当他在一个赛道上坚持十年之后，他等到了属于自己的机会。对他来说，坚持就是最好的选择。

做选择时，一定要问问自己究竟想要什么。内心深处的渴望能激发你最强的动力，让你坚持去做长期正确的事。

知识博主在做选择时也是如此——先明白自己的需求。有的知识博主不求千金富贵，对他来说，能糊口即可，分享、交流才是他的快乐之源和追求所在。如果强行为他设计年入千万元的商业模式，他心里难免产生矛盾。一个人如果不自洽，在任何领域都是难以成功的。

因此，每个人一定要围绕自己的喜好、发心去做选择。听听你内在的声音，问问自己最想做什么，这很重要。

做更具长期性的关键抉择

一个人越早知道自己要什么，越早知道要给这个社会带来什么，就越能做出正确的选择。

创客匠人从学习平台转型到做 SaaS、做软件、孵化老师，整个过程中，每次抉择都需要巨大的勇气。庆幸的是，我们的学习平台做得不错，盈利也较为可观。其间虽然也亏损过，甚至差点儿关门，但我们“打破知识的边界，让知识创造价值”的发心，以及联合更多的老师一起来做这件事的想法，一直未曾改变。

我一直坚信，在关键时刻，面对关键抉择，一个人的价值观会发挥巨大作用。它会让人坚持做一件长期正确的事——尽管这件事从短期来看会减少现有的利益。

回过头来看我的很多个关键选择，把时间轴拉长的话，每一个选择都是一个更加长期正确的选择。当然，其中也包括那万分痛苦的“高四”。

那个时候，我可以选择不再读书，外出打工。这样可以为父母缓解经济压力，让他们的日子过得更轻松一些。可是，我选择了复读。为此，父母四处借钱。上大学时，我又花了他们数万元。当时来看，这与“让父母过上更好的生活”的发心是相悖的，但从现状来看，我当时的选择是无比正确的。

我不能说当时的我已经看到了现在的自己，也不能说每一个长期性的选择都能收获好的结果。但是，拉长时间轴去做选择，本身就是一种更优的选择。

在这里，我想送给大家一句话：要不断地探索自己的内心，寻求自己的人生观、价值观，勇敢地做出正确的选择。

最后，请大家思考一下：在人生的不同阶段，想要让自己成为一个什么样的人？

顺应本心，做热爱的事情

目标可以让一个人在前进的道路上走得更远，热爱也一样。即便当下没有热爱的事情也没关系，可以先立志，再慢慢找到热爱的事情。

我想强调的是，我所说的热爱和喜欢是有区别的。热爱更持续，是长期的；喜欢可能是一瞬间，是很短暂的。

我当下热爱的事情，就是我正在做的事——打破知识的边界，让知识创造价值。这件事是我在成长的过程中慢慢探索出来的。

我热爱这件事，原因有二：

一是我的人生经历。从走出山村到在咨询公司做教育培训，再到自己创业，我学习了很多课程，也走了不少弯路。在这个过程中，我发现了教育资源的不平衡，希望凭借自己微薄的力量改变这种局面。

二是我的爷爷是位教书先生。在我很小的时候，他就给我埋下了一颗教育事业的种子。尽管小时候的我并不想从事教育事业，但仿佛冥冥中自有天意，几经周折后，我还是走上了这条道路。

正因为深刻地感受到热爱对我的影响，意识到热爱对我的重要性，所以我也很乐意帮助别人找到他们热爱的事情。

我现在的技术股东是以产品经理的职位招进来的。刚开始，他没有热爱的事情和目标，于是我经常和他聊梦想、聊未来、聊职业规划。我当时问他，你想不想成为一个厉害的产品经理，像张小龙一样？想不想跟着创客匠人，一起把它做成一家像腾讯一样的公司？

在这之前，他陷于打工人思维，从来没想过这些。经过我的引导，他开始围绕客户价值来思考问题，从一开始的为了做产品而做产品、只考虑技术能不能实现变成了考虑技术对客户重不重要，重要的技术一定要实现；每叠加一个功能，都会思考客户操作起来是否便捷；能不能做一个更酷的产品，不仅能让客户正常使用，还能让客户像使用微信一样进行“傻瓜式操作”……

做 SaaS，最怕的就是功能越加越多。客户点击进去，眼花缭乱，完全不知道该怎么使用。所以，在设计产品的时候，要运用极简思维——核心的功能一定是在最表层的，要挖掘深层次的功能，就逐步点击二三级菜单。

从他的身上，我看到了热爱给人带来的改变。找不到热爱的事情，迷茫、没有目标的人，不妨持续尝试、持续思考、持续寻找。

处于不同的人生阶段时，人会热爱不同的事情，也有不同的坚持。我们要做的，就是坚持寻找，随机应变。毕竟，我们都知道，人生没有目标和热爱的事情，会很无趣。

至于如何寻找，我有几点建议。

与其寻找热爱，不如制定目标

一个人喜欢、迷恋，乃至热爱一件事情，一定不是无缘无故的——要么是师长的影响，要么是朋友的影响，要么是自己的发心带来的。

无论是哪种原因，热爱都是和目标相关联的。热爱一件事情，你就会自然而然地想达成具体的目标。这个目标无论是大是小，都不影响你为它竭尽全力。从目标大小的角度来说，热爱的程度其实是相对的。

既然如此，与其四处寻找热爱的事情，不如在立志和达成目标的过程中逐渐发现它。

在启发内部员工发现自己热爱的事情时，我经常问他们几句话：

第一，你的短期目标，即半年之内的目标是什么？

第二，你的中长期目标，即3~5年的目标是什么？

第三，你的梦想是什么？

在每次进行绩效面谈或与员工进行深度交流时，我都会要求他们回顾或谈论自己的目标。通过这种方式，我们可以评估他们的目标是否明确。如果他们的目标不够清晰，或者根本没有目标，我会引导他们找到自己的目标。对于销售人员，我会引导他们设定短期目标，例如在多长时间内成为销售冠军。

如果他们回答“半年内”，就要给他标明时间：现在是6月1日，半年之后是12月1日，那就约定，到12月，至少要拿一次销售冠军。

每月、每季、每年，都要定短期、中期、长期目标。而且，要用某种方式把目标记录下来，以便不时回顾和复盘。比如，我会选择用QQ空间做记录。切记，今天定目标，明天脑后抛，这是做事的大忌，更是成功的死敌。

专注，把当下做到极致

我们总说，要干一行爱一行，爱一行钻一行。即使目前做的事情还没有泛起水花，只要足够专注，未来的某一天，一定会得到回报。我想把人生中两段非常重要的经历——“把当下的事情做到极致”的经历，分享给大家：

第一段经历是，我在工厂那几年，做的是技术和调度。调度是个虚职，却很重要。工厂分为锅炉、压榨、清洗、污水处理四个车间，想顺利地运转，就需要调度从中斡旋，让四个车间联动起来。

然而，每一个车间都有实际上的掌控人——车间主任。他们权力很大，整个车间唯他们马首是瞻。

调度没有实权，也无力压制车间主任的权势。想指挥车间主任，简直是痴人说梦。他们对我总是爱搭不理，我拿他们也毫无办法。

那几年，我只能不断找人聊天、沟通。比如，蒸汽不足了，需要把锅炉烧得旺一点儿，我就得出面请人，希望他们尽快加大火力。那段经历把我的脸皮都磨厚了。

这为我后来做销售工作奠定了基础。创业，就是要在资源不够的情况下，把每一件事做好。从这个方面来说，那几年的调度工作对我后来的成长有很大的帮助。

第二段经历是，离开工厂后，我到咨询公司上班，做老师的助理和课堂主持。老师授课时，我负责写白板、写逐字稿……如果我在这期间不够认真仔细，不能严格按照要求，将我负责的内容准备到位，可能我也不会有那么大的收获。

我认为，工作前几年，最重要的是锻炼自己的能力，并找到一个可以施展能力的舞台。于我而言，这段经历不仅是为公司或者老板工作，更重要的是，我在为前程铺路。

这两份工作我都不喜欢，尤其工厂的工作，甚至可以说是厌烦。可是即便如此，我依然追求把当下的事情做到极致。因为我知道，我是在为自己积累，我学到的一切都会成为我成长路上的推动力。

那么，应该如何理解极致？它能和“好”画等号吗？

答案是：不能。两者的区别在于：“好”可能是 80 分或者更高；“极致”则超出 100 分，可能是 120 分，甚至是 130 分，是超出别人对自己的期待。为了更好地向大家阐述“极致”这个概念，我想从三个维度和大家讲讲产品。

第一个维度：纯功能的迭代，即客户需要什么功能，我做什么功能。

第二个维度：如何与当下的场景相结合，让客户用起来更容易。

第三个维度：客户没想到，我想到了；客户需要某个表层功能，我提供了一个更深层的功能，并且用起来更简单、更便捷。

当你做的每一件事都是一种艺术，做的每一个产品都是一个艺术品时，你才会发现你真正热爱的事情。

平衡功利心，远离无力感

如果你做热爱的事情时感到无力、无奈，那么这件事应该不是你真正的热爱。

我一直觉得，无力感源于比较的心态。很多时候，我们容易忘了发心，陷入比较，或者是把目标设定得太高了。

比如，有些做教育的老师非常热爱自己的事业，只要能养活自己，只要能实实在在地帮助到别人，就足够了。至于销售额乃至收益，对他来说并不重要。如果要他们为了销售额而增加课程数量，却降低课程品质，那么即便收入增加几倍、几十倍，他们也不愿意。这样的老师内心是坚定的，不会去和别人作比较，也不会刻意销售。正是这样的老师，他们更容易获得意想不到的成果。

对老师来说，一定要平衡功利心。通过讲课能得到多少回报，对此的预期不可太高。不妨限定一个小目标：满足基本要求，能糊口，有盈利。

经营企业也是如此，首先要有良好的心态。只要保持不亏损，每年赚 100 万元或是 1000 万元，都是让人开心的结果。

有人问我：“老蒋，你为什么不去挂主板，不去上市？有没有想过融资，快速地把公司做大？”我说：“现在不是做得挺好吗？不仅有盈利，还养了几百个员工。如今失业率这么高，创客匠人还能帮助那么多老师。我觉得自己挺伟大，挺有贡献的。”

这样回答的时候，我知道，我的功利心是平衡的。能有现在这样的状态，也是我不断修心的结果。

2017—2018 年时，有一段时间我非常焦虑。当时，很多朋友、股东说，知识付费这个赛道，四五千万元收入已经是天花板，像有赞、微盟等电商，一年收入十几亿元。创客匠人和它们的底层逻辑、技术都一样，为什么不把产品衍生到电商 SaaS 解决方案，把盘子做得更大？

于是，我兴致勃勃地闯进去，几个月后就抽身而退。我意识到，自己吃不了那碗饭。更可叹的是，那段时间，如果我们团队能争分夺秒，专注于自己的赛道，公司将成长到更强大的地步。

我很清楚，是功利心影响了我。于是，我立即纠偏，重新回归到创客匠人的发心。2018 年 4 月，我们把基调定下来——未来 10 年，我们只做教培行业的知识付费系统、孵化培育老师，其他赛道一律不考虑。这个时候，我们团队对整个公司的品牌、定位都重新做了梳理。

这个过程其实是在个人能力边界内的一种探索。不管是成功还是失败，只要善于总结，就都有利于认清自己：你适合做什么，什么可为，什么不可为。你要围绕你的上下游和能力边界去做，不要轻易地跨行业。本行都未必驾轻就熟，跨行只会更痛苦。

送给大家一句话：立志、勤学、择善、改过。做热爱的事，首先，立志，有目标；其次，通过勤学努力实现自己的目标；再次，在努力的过程中，要选择至交好友、益友，与他们同行；最后，要懂得及时改过，让自己更优秀。如此，才能让自己的情怀落地。

最后，大家不妨思考一下：自己热爱的事情和现实之间有哪些冲突？你打算怎样克服它？

克服心理障碍，继续出发

创业是一场艰苦的修炼，很多人可能要在其中磨掉一身“皮肉”。它不仅是对肉体的考验，更有心理上的“折磨”。

在创业的过程中，我曾遇到几个心理障碍。

第一个心理障碍：增长的焦虑。

创客匠人从 2015 年开始转型，2017 年快速增长。2018 年，我们希望更迅速地增长。

2015 年，整个知识付费赛道的交易额只有 15 亿元；2017 年，整个赛道的交易额是 100 亿元；2022 年，整个赛道的交易额已经涨到 1100 亿元。

面对如此快速的增长，团队陷入了增长的焦虑中。无论是同行的发展，还是电商的 SaaS，都让我们心生恐惧。回过头来再看，那时我们的焦虑其实源于对行业增长速度的认知不够。很多专业文献对各个知识付费赛道做了准确的分析，可我们并没有关注。我们怀着“打破知识的边界、孵化更多老师”的发心，埋头做自己的事。很久之后，我们才知道自己做的工作正是知识付费。

鉴于我们团队的经历，为避免大家犯同样的错误，我建议大家多关注行业报告，不要闭门造车。很多恐惧，都源于自己对所做的事情了解不足。

第二个心理障碍：低谷期的自我怀疑。

处于低谷时，人的心情会变得低落，甚至会自我怀疑：是不是自己的领导力不够，才导致团队核心成员纷纷出走？是不是制定的发展方向错了，才让公司陷入了困境？公司的前景是不是一片黯淡？

我在创业的过程中也遇到过低谷，也曾陷入自我怀疑。如何走出心中的阴霾？我有自己的小秘诀：

首先，保持积极的心态。除非公司的资金链彻底断裂，毫无办法可想，我才稍微放任自己悲观一下。否则，我会始终以积极的心态面对一切，看到低谷背后充满希望的一面。

其次，主动寻求正面反馈，及时与核心团队沟通。在沟通中，可以发现真实存在的问题，并找到相应的解决办法。

最后，时常回顾自己的发心，思考自己究竟为什么要做这件事，从中找到动力源，激发继续努力的干劲。

人一旦只盯着困难，就会忘记目标。困难挡在眼前，会给眼睛蒙上一层灰，让人轻易陷进去，迷失方向。

第三个心理障碍：自我膨胀。

人在有所成就的时候，很容易掉进狂妄的陷阱，觉得自己无所不能。这时，你就极有可能陷入诱惑的旋涡；膨胀到一定程度，一旦遇到挫折，又会陷入担忧、恐惧和自我怀疑之中。

所谓纸上得来终觉浅，有的陷阱，特别是一些小陷阱，你必须亲自踩进去，并且要用乐观的心态去看待。不做反思，不去总结，就无法获得成长。我曾和太太开玩笑说，2015 年炒股，如果不赔那几百万元，等我手中拥有更多资金时再去炒，损失得恐怕更多，整个公司甚至都可能赔进去。

要坚信，大多数情况下，都没有绝对的错误。遇到低谷时，更要保持乐观。经历过诸多磨难，接触过别人接触不到的人和事，在事上练、在难上得，人的认知会得到飞快的提升。

我一直认为，积极的心态是面对困难、挫折时最好的利器，能带你跨越一切困境。要修炼积极的心态，通常有三个要点。

积极地自我暗示，丢掉负面情绪

在公司内部，我们一直对员工讲，在创客匠人工作的首要目标，不是赚多少钱，而是要思考如何构建一套正向的思维模式。

这种正向的思维模式，由积极的心态、抗挫的能力、内因的思维构成。面对挫折、困难时，是从自身找原因、还是从外部找原因？面对问题时，是迎难而上、主动解决，还是选择逃避、糊弄过去？

不同的思考方式和选择会带来不同的影响和结果。要培养正向的思维，有以下几个方法：

第一，多给自己一些积极的自我暗示，并把它写下来。

小时候，我一度很内向。有一段时间，我的头脑中总是家里的消极因素，思维很负面。

后来，我听李阳说英语，每一天都是“I am the best”（我是最好的）、“I am No.1”（我是第一名）、“I can do it”（我能够做到）。直到现在，我还记得这些积极的话语，并且从中受益。

进入咨询公司之后，我每个月都有一次培训。其中有个自我确认的环节，对我产生了很积极的影响。当我暗示自己“我可以”的时候，我真的能感受到，内心的力量增强了。

第二，写日记，自我倾诉比对旁人倾诉更好。

向旁人倾诉时，很多人难免对一些私密、消极的内容有所顾忌，难以说出口。毕竟，如果向别人传递过多的负面情绪，别人就会给你贴上负面的标签，因为这等同于你把别人当作情绪垃圾桶，这会对两个人的关系造成负面影响。

其实，很多时候，不是事情伤害了你，而是你对待事情的态度伤害了你。

我们公司有个员工，能力不错，但每次反思自我时，他都会说自己格局低、自私，把自己贬得一文不值。

这样的行为对他并无益处。因此，我建议他有些话最好不要在公开场合讲。他每次贬低自己时，都会让同事对他的印象大打折扣。而且，仅仅指出自己的问题而不去改正，就等同于言而无信。我建议他在下次复盘时，不要对别人承诺，而是将其写下来，自己时常查看，认真改正。过一段时间后，再回头看自己写的内容，他可能会发现很多负面情绪其实都是由一些微不足道的小事引起的，只是当时将它们放大了。

他按照我的方法去做，果然有了很大的改变。他不但很少再妄自菲薄，而且逐渐变得积极阳光。

拒绝抱怨，团队第一

抱怨是一剂毒药，会以极快的速度在团队内散播，让整个团队中毒。这对团队建设极为不利。为了维护团队，创客匠人一般不允许抱怨，尤其是公开抱怨客户，更是明令禁止的。员工抱怨客户，是要挨批、受罚的，因为这违背公司的价值观。

对于新入职的员工，我们理解他们可能对某些客户存在不满或抱怨之情。然而，直接在客户面前抱怨是不可取的。这种行为反映出的是对客户的不敬畏，会给客户留下负面印象。

当客户听到员工的抱怨时，他们不会认为这是员工的个人问题，而是认为这是公司的态度问题。这将对公司的声誉造成严重的打击，从而影响公司的业务和客户关系。

我们明确，在与客户的交往中，必须保持专业、尊重、敬畏的态度。只有这样，我们才能赢得客户的信任和忠诚，促进公司的长期发展。

因此，无论从哪个角度来说，创客匠人都坚持拒绝抱怨。

择善，进入积极、正向的圈子

人所处的环境对改善心理状态也很重要。想变得积极，就要进入一个积极、正向的圈子。反之，在一个充满负面情绪的环境里，人无论如何也积极不起来。

我在工厂那几年，其实有很多负面情绪。我一边渴望改变，想自学英语，一边又随波逐流，下班后和同事们喝酒、打牌。我陷在纠结的情绪中，无限度地内耗。我甚至一度觉得，大学白上了，因为我的工资没比别人高多少。

纠结了许久之后，我决定出去走一走。一个大学同学把我“忽悠”到了杭州。他说，你来吧，我包吃包住。刚到杭州，我就彻底被震撼了。这是我第一次来到这么大、这么繁华的城市。可是，在同学那里住了两三个月，我都没找到工作，身上的钱所剩无几，我只好返回工厂。

在杭州的那段经历开阔了我的视野，让我看到了更大的发展空间。那里的人充满朝气，拼搏向前。尽管身在工厂，但我的心中一直有一个声音，不停地告诉我：走出去，到外面的世界打拼。

半年后，我再次来到杭州，重新打拼。在新的工作中，我学到了很多，接收了很多积极的信息。这让我变得阳光、快乐起来。

我想送给大家一句话：有时候，遇到小的恐惧、担忧和自我怀疑并非坏事；不经历练，下次遇到的可能就是更大的恐惧、担忧和自我怀疑。

最后，大家不妨问问自己：你对未来的憧憬是什么？在你憧憬的生活里，有什么渴望、想要追求的东西？

顺势而为，拥抱未来

科技发展的车轮是任何人都无法阻挡的。它对整个文化产业的颠覆、对整个生态的影响，也是显而易见的。对于人工智能、元宇宙、教育产品、互联网自媒体、知识付费赛道等事物，人们未来的体验形式也会不断升级。

现在，直播是核心点。未来 10 年，核心点可能是元宇宙的 AV、VR 技术。我对它的前景充满信心。

起初，元宇宙没有人工智能，每一个场景都要人们去做，因此成本极高。但现在，以 ChatGPT 为代表的人工智能发生了变革。很多专家，包括我也认为，它的变革程度应该会大于互联网的整个变革程度。它让我们看到了整个成本结构呈指数级下降的可能。

回顾一下，我们发现，当今人工智能的体量是 1999 年的 10~100 倍，这彻底颠覆了我们的认知。很多工作可能被人工智能替代，比如剪辑师、文字工作者、程序员、画师的工作。

要顺应这些变化，对商业保持敏感度，你需要具有好奇心。不仅好奇一切，还要知其然，更知其所以然。看到某个新生事物时，你要思考它背后的底层逻辑——为什么会这样？

我向来很有好奇心，想对未知世界做一些探索，喜欢太空和宇宙的知识。中学学物理时，我就很渴望知道人类的边界在哪里。刷抖音时，我也特别留意这方面的短视频，感觉充满了乐趣。人类寻找外星人，为什么这么多年都没有找到？因为我们是用碳基人的思维来寻找的。而宇宙中可能找不到和我们一样的人，或许因为他们的构成元素跟我们完全不一样。因此，我们去宇宙寻找同类、寻找文明，几乎是痴人说梦。

ChatGPT 出现之后，我兴奋得夜不成寐，觉得自己看到了未来的发展。但也有很多人面对未来的变化，更多的是心生恐惧。他们感到恐惧，我认为核心因素有两个：

第一，思维结构、思维模式较为负面。

这与一个人对自己的认知水平、自信水平以及自我评价有关。面对变化，一些人会觉得这些变化触动了他们的既得利益，迫使他们学习新知识。他们辛苦地学会了一项技能，却还需要在未来不断学习新技能。这种不安全感和对未来的不确定性可能会影响他们的自信心和自我评价。因此，对于这些变化，有的人可能会焦虑不安，担心自己无法适应新环境，面对新挑战。

但于我而言，不管未来怎么变化，我都可以立足其中，甚至做得更好。我甚至想，元宇宙出现之后，我或许能让公司的市值增长 100 倍、

1000 倍，因为我能从中看到更多的可能性。

作为既得利益者，环境变化之后，你会失去什么？无非是收益缩水，基本上威胁不了生存。而此时，我想的是博更大的机会。关键的核心，还是在于如何看待变化。

第二，无法正确看待不确定性。

我们经常讲，追求确定，就是最大的不确定。长期主义者往往都能在具有确定性的领域追求不确定的变化。

当然，我需要给团队确定性，不能让大家觉得天马行空。这种确定性体现在客户价值等方面。

我经常对员工说，只要在公司风险可控范围之内，凡是对客户价值有提升的事，就要大胆尝试。当你专注、聚焦、稳定了，就能在一个方向上追求价值使命，不断拥抱不确定性，并且在不确定性中创造更大的可能。

能顺势而为，拥抱趋势的人，往往有几个特征。

早入局，抓住先发优势

2017—2020 年，很多老师拥抱未来，转型做线上。他们从先后顺序上又可以分成两批：

第一批人，是主动改变的。

2017 年，当我们在知识付费领域开展业务时，大众人群对此尚未形成明确的认知。销售人员需要花费 80% 的时间向客户解释我们的工作内容、价值和意义，以及能为他们带来的利益。许多老师对此表示困惑，甚至听不懂我们在说什么。他们最终选择购买，大多是被销售人员的执着精神所打动。这一部分属于主动寻求改变的群体。

第二批人，是被趋势推着做的。

2020 年，新冠疫情暴发。有一群老师被大势所迫，走到了线上。如此大的势能来了，要么自己改变，要么被势能卷着走。如果卷都卷不走，那就会被趋势淘汰。

第一批人的命运截然不同。其中一部分人入局稍早，2017 年入局，当中有人成了牺牲品。到了 2018—2019 年，随着市场逐渐成熟，另一部分老师凭借先发优势，取得了不错的成绩。相比之下，这部分老师则幸运地赶上了市场的黄金时期，获得了更多的机会和收益。

2020 年转型的那批老师，有些是稀里糊涂被卷进知识付费行业的。线下课无法开展，身边的人又都转型线上，他们被迫跟风做线上。可是，他们的目标不够明确。在犹豫徘徊中，很快就被市场淘汰了。

找到未来趋势与自己的结合点

身为知识博主，一定要密切关注元宇宙和 ChatGPT 之类行业的发展，不断提升自己的维度。在关注的过程中，还要不断地探索这种趋势与自身的结合点。切忌好高骛远，应当追求快速结合。哪怕只是一个很小的改变，也可能给自己和公司带来跨越式的发展。

我一直强调，无论是加入私董会，还是听一节付费课，目的都不是把整个课程的框架记下来，而是三天之后你还能认真思考这个课程中的哪一部分知识能为己所用，当下可用；哪一部分知识对自身和组织团队都有所帮助，能当即结合。这才是最核心之处。

如果不复盘，很多时候听完课都是一无所获。当然，也有一些知识会让你过耳不忘，但它们毕竟是少数，比如下面几种情况：

第一种，老师总结出一套体系，你听完后，发现自己平时就是这样做的，只是没有总结。于是，你将这套体系借用过来，让你的团队使用。

第二种，一个问题你琢磨了一两年，始终没有找到答案，老师的一句话就点醒了你。于是，你迅速将这个问题内化。

第三种，老师打破了你的认知。你之前从未达到那样的高度，老师给了你一个颠覆性的观点，让你知道原来还有这样一种做事的路径。

总之，对待未来趋势，重要的是打破自己的认知，不断熏陶自己，而不是死记硬背某些知识。因为这些知识本身在不断地变化。想要把握趋势，就必须多看看趋势与自己的关联。

比如，作为教育的 SaaS，我们能看到的关联就是元宇宙。它让整个教育形态产生了变革，我们可以马上拥抱它。

从整体大方向的趋势来说，元宇宙的方向基本是正确的。但如何应用，创客匠人以哪个点切入，当下还比较模糊。我们会持续关注它，但不会抱以太大的期许。在逐渐深入的过程中，这个想法可能会发生变化，因为元宇宙本身是动态变化的。

我们安排了一两个人专门研究 ChatGPT 场景能如何为我们的客户赋能。我们会研究一些问答方面的内容，客户输入问题后，ChatGPT 会给出标准答案。这是比较小的一个场景，但对很多老师来说，还是很有帮助的。它可以做课程的整理、知识的萃取，比如一个解决孩子手机上瘾问题的课题。

如果能研究出一个只要客户录入问题，答案就能自动跳转出来的小插件，那么这对客户整个知识框架的扩增、视野的拓宽，都会有极大的帮助。

拓展组织的能力边界

抓趋势的时候，要在充盈现有业务的基础上，在力所能及的范围内，在资源可及之处做事。

在决定是否采取行动之前，你可以自问：如果失败，公司是否会遭受重大损失？

如果答案是“不会”，那么你可以大胆地去做。即便最坏的情况出现，也不过是付出几十万元的代价。

如果是面临可能导致公司倒闭的高风险时，就不要轻易做决定。毕竟，你有责任关心并保障团队其他成员的利益。 这种置之死地而后生的冒险，尽量少做。

我们要做的是，持续地为未来做小投资，而不是孤注一掷地豪赌。经营企业最忌讳的就是赌徒心态，要在稳的基础上求发展。当然，你也不能完全只看现在，不看未来，要适当地做投资。

做小投资，也许 10 个投资中有 9 个失败。但是，只要企业有利润，就依然要做。因为如果不去尝试，就只有死路一条。尝试本身就是一种经验，这种经验对企业组织的影响是很大的。要不断小范围地试探组织的能力边界，看到未来发展的可能性，否则你只能永远偏守一隅，且未必守得住。

这些年，创客匠人一直在陆陆续续地做投资。虽然投资的许多项目都失败了，但只要有一个成功，就能给我们画出一条漂亮的第二曲线。

花钱，有时候是为了买未来。去年，创客匠人招了六七个主播，尝试进入公域。原因何在？因为我们觉得公域流量很大，这个赛道很好。

很多老师都对此蠢蠢欲动，也打算进入公域。创客匠人先做公域，有两个好处：第一，我们可以做个例子给他们看；第二，我们如果真成功了，就可以批量复制主播。

创客匠人虽然强调专注，但专注并不等同于一成不变。真正的专注是坚守价值观和客户价值，而不是仅仅专注于一套固定的业务模式。如果长时间保持不变，企业注定会走向衰败，因为环境和客户需求都在不断变化。客户渴望跟随趋势，企业就必须与时俱进。

如何预判未来的机会

很多人对未来充满恐惧。同时，他们也期待抓住机会。对于未来存在机会的赛道，我有一些想法，分享给大家。

第一，共创。

主动走出去，与客户连麦、做一些共创的事情。这是生产知识的一个重要环节。共创思维，就是知道客户要什么、客户的模型是什么。这种思维可以帮你吸取到很多客户的真知灼见。

我一直说，要围绕客户需求做事情。在互联网如此发达的今天，每个人都有机会每天或者每个星期与客户连麦、共创，了解他需要什么，甚至了解他背后的知识体系。

共创，不仅是与客户共创现有的知识，还可以共创老师未来的产品。老师未来也应该参与到共创中，以便为学生提供更优质的课程。

我自身的知识和认知的迭代，在很大程度上得益于创客匠人的老师。这些老师在构建商业模式时，不仅借鉴了创客匠人的模式，还共创了一种新商业模式。通过与他们连麦交流，我学到了许多新知识，不断拓宽自己的视野和提高自己的认知水平。

所以，共创不只是满足客户的需求，也是向对方学习，是一个自我输入的过程。当客户海量的知识输入进来，我们就可以总结后再输出。

在共创的过程中，一旦找到共性，就找到了自己的方法论。比如，IP 私域变现起势 5Z 方法论就是在与一些优质客户对话、发现了他们背后的共性逻辑之后，我们总结出的具体的方法论。

第二，个性化服务。

很多老师已经发现，自己的课程不像以前那样好卖。怎么办？把它从卖课程变成卖服务，变成解决问题、提供方案。这样，老师的价值点就被放大了。服务价值越高，企业价值就会越高。

从某种意义上说，所有行业都需要个性化服务，这是必然的。我们需要做好的，是个性化与合理批量复制之间的平衡。比如，中国的“红领衬衫”就是一种个性化服务，把客户的身材信息输入进去，客户把自己的身材信息输入进去，再按照标准化的流程逐步操作，就能定制一件符合个人需求的衬衫。

以保时捷和宾利为例，它们在提供个性化服务的同时，也实现了流程化生产。汽车被拆分为 20~30 个不同的部位，客户可以根据自己的喜好选择颜色和搭配方案。一旦方案确定，即可迅速投入生产，既满足了客户的个性化需求，又保持了高效的生产流程。

每个人都希望得到个性化服务，满足自己个性化需求。所以，个性化服务是必然趋势。但作为企业，只要涉及个性化，大家头脑中首先出现的往往是效率低、不可复制等。企业需要在商业运营中妥善平衡个性化与复制的关系，应根据自身情况，选择最有利的方式，绝不能陷入陈旧的思维定式，而应勇于尝试新方法和新策略。

比如，创客匠人带老师做发售时，如果仅靠我个人的力量亲自完成，所能直接服务的客户数量将非常有限。而当我把这项工作流程化、表格化、工具化，做成了一整套系统之后，就可以将其复制给所有员工。这就是把一个看似个性化的东西批量化、流程化。

第三，超级个体户。

现在，国家鼓励个体创业，鼓励超级个体。加上行业分工越来越细，未来每个人都有机会成为超级个体户。

即便在公司上班，你也可以成为超级个体户，独当一面。过去，一个团队合作创造业绩；未来，一个人就是一个公司，就能完成相当于数人完成的业绩。

不排除在三五十年后，人不必再为糊口而工作。任何人都可以找到自己的位置，在最擅长的领域发挥作用。无论你在哪个环节工作，都能创造价值，都能获得收益。这是一个必然趋势。

人工智能给了我们更多的基础设施，人有了更多的“外挂”，成为超级个体的可能性也更大。但是，你要发现自己的核心价值点，找到自己独一无二的特质，并坚持长期做下去。做长期正确的事，会让你更快地成为超级个体。

关于趋势，我很想送给大家一句话：一个人能够持续顺势而为，拥抱未来，关键就在于保持好奇心。

最后，大家不妨思考一下：在你的头脑中，你的行业、你所处的领域，未来10年的画面是什么样子的？